Orientação para a
Ação Evangelizadora
Espírita da Juventude

SUBSÍDIOS E DIRETRIZES

Federação Espírita Brasileira

Orientação para a Ação Evangelizadora Espírita da Juventude

SUBSÍDIOS E DIRETRIZES

Coordenação:
Área Nacional de Infância e Juventude
do Conselho Federativo Nacional da FEB

FEB

Copyright © 2016 *by*
FEDERAÇÃO ESPÍRITA BRASILEIRA – FEB

1ª edição – Impressão pequenas tiragens – 6/2025

ISBN 978-85-69452-89-8

Todos os direitos reservados. Nenhuma parte desta publicação pode ser reproduzida, armazenada ou transmitida, total ou parcialmente, por quaisquer métodos ou processos, sem autorização do detentor do *copyright*.

FEDERAÇÃO ESPÍRITA BRASILEIRA – FEB
SGAN 603 – Conjunto F – Avenida L2 Norte
70830-106 – Brasília (DF) – Brasil
www.febeditora.com.br
editorial@febnet.org.br
+55 61 2101 6161

Pedidos de livros à FEB
Comercial
Tel.: (61) 2101 6161 – comercial@febnet.org.br

Adquirindo esta obra, você está colaborando com as ações de assistência e promoção social da FEB e com o Movimento Espírita na divulgação do Evangelho de Jesus à luz do Espiritismo.

Dados Internacionais de Catalogação na Publicação (CIP)
(Federação Espírita Brasileira – Biblioteca de Obras Raras)

F293o   Federação Espírita Brasileira. Conselho Federativo Nacional
        Orientação para a ação evangelizadora espírita da juventude: subsídios e diretrizes / organizado pela equipe da Área Nacional de Infância e Juventude do Conselho Federativo Nacional da FEB; Miriam Lúcia Herrera Masotti Dusi, responsável pela equipe. – 1. ed. – Impressão pequenas tiragens – Brasília: FEB, 2025.

        160 p.; 25 cm

        Inclui referências

        ISBN 978-85-69452-89-8

        1. Educação. 2. Espiritismo. I. Federação Espírita Brasileira. II. Título.

CDD 133.9
CDU 133.7
CDE 60.01.00

Coordenação:

Área Nacional de Infância e Juventude do Conselho Federativo Nacional da FEB.

Equipe de elaboração:

Coordenação Nacional da Área de Infância e Juventude do CFN/FEB, Coordenação Adjunta de Juventude, Coordenações Regionais de Juventude (Centro, Nordeste, Norte e Sul), Representantes da Área de Infância e Juventude das Entidades Federativas Estaduais, Representantes Estaduais de Juventude.

SUMÁRIO

Mensagem sobre a juventude 11
Mensagem aos evangelizadores 15
Apresentação 17
Introdução 19

PARTE 1
SUBSÍDIOS PARA A AÇÃO EVANGELIZADORA ESPÍRITA DA JUVENTUDE

Capítulo 1 – O jovem e seu protagonismo 25
Capítulo 2 – Ação evangelizadora espírita com o jovem 29
    2.1 Definição, finalidade e objetivo 29
        Breves considerações sobre evangelizar e educar 32
    2.2 Eixos estruturantes da tarefa: conhecimento doutrinário, aprimoramento moral e transformação social . 33
        Formação integral 38
    2.3 O papel da família 39
    2.4 O papel e o perfil do evangelizador/coordenador de juventude 42
    2.5 O papel do dirigente da Instituição Espírita 44
    2.6 A importância da qualidade da tarefa: qualidade doutrinária, qualidade relacional, qualidade pedagógica e qualidade organizacional 45

    a) Qualidade doutrinária 47

    b) Qualidade relacional 47

    c) Qualidade pedagógica 54

    d) Qualidade organizacional 60

2.7 Espaços de ação jovem 71

    a) Espaços de estudo e vivência do Evangelho 74

    b) Espaços de convivência familiar 88

    c) Espaços de confraternização 90

    d) Espaços de vivência e ação social 92

    e) Espaços de comunicação social 93

    f) Espaços de integração do jovem nas atividades do Centro Espírita e do Movimento Espírita 96

PARTE 2

DIRETRIZES PARA A AÇÃO EVANGELIZADORA ESPÍRITA DA JUVENTUDE

Capítulo 1 103

Breve história 103

Capítulo 2 105

Princípios norteadores e diretrizes nacionais para as ações da juventude 105

    2.1 Princípios norteadores 106

    2.2 Diretrizes para as ações da juventude espírita 107

        Diretriz 1 – Ação do jovem espírita 107

        Diretriz 2 – Formação dos trabalhadores da juventude/mocidade espírita 110

        Diretriz 3 – Organização e funcionamento da juventude/mocidade espírita 111

        Diretriz 4 – Dinamização das ações federativas com a juventude espírita 113

Capítulo 3 119
Dinamização das ações com os jovens, evangelizadores/coordenadores, dirigentes e familiares 119
    3.1 Ações com os jovens 120
    3.2 Ações com os dirigentes 120
    3.3 Ações com os evangelizadores/coordenadores 121
    3.4 Ações com as famílias 121
Capítulo 4 123
Desenvolvimento, acompanhamento e avaliação 123
    4.1 Recomendações 123

Palavras finais 125
Mensagens 129
Referências 155

MENSAGEM SOBRE A JUVENTUDE[1]

Página juvenil

CASIMIRO CUNHA

Mocidade espiritista,
Ergamos a nossa voz.
O mundo clama por Cristo
E o Cristo clama por nós.

Sigamos desassombrados,
À luz do Consolador.
A luta de cada dia
É a nossa vinha de amor.

Na companhia sublime
Do Amigo excelso e imortal,
Nós somos semeadores
Da terra espiritual.

Marginando-nos a estrada
De fé risonha e segura,
Há corações afogados
No pântano da amargura.

---

1 XAVIER. Francisco Cândido. Página juvenil. In: *Correio fraterno*. Por Diversos Espíritos. 6. ed. Rio de Janeiro: FEB.

Ao lado das nossas flores
De doce deslumbramento,
Há soluços desvairados
De angústia e de sofrimento.

Em toda parte, aparecem
Deserto, charco, espinheiro...
Sejamos braços ativos
Do divino Jardineiro.

Plantemos alegremente,
Sob a fé que não descansa,
Bondade, paz, otimismo,
Consolação e esperança.

Aguardam-nos, vigilantes,
Para a glória do trabalho,
A imprensa, a tribuna e o livro,
A enxada, o tijolo e o malho.

Não desdenhemos servir,
Em todas as condições.
Espiritismo aplicado
É sol para os corações.

Estendamos sobre a Terra
A bênção que nos invade,
Multiplicando os domínios
Da santa fraternidade.

Amor que salva e levanta
É a ordem que nos governa.
Na lide em favor de todos,
Teremos a vida eterna.

Mocidade espiritista,
Ergamos a nossa voz.
O mundo clama por Cristo
E o Cristo clama por nós.

MENSAGEM AOS EVANGELIZADORES[2]

Filhos,

Roguemos a Jesus pela obra que prossegue sob o divino amparo.

Que não haja desânimo nem apressamento, mas, acima de tudo, equilíbrio e amor. Muito amor e devotamento!

A evangelização espírita infantojuvenil amplia-se como um sol benfazejo abençoando os campos ao alvorecer.

O próprio serviço, sem palavras articuladas, mas à luz da experiência, falará conosco sobre quaisquer alterações que se façam necessárias, enquanto, no sustento da prece, estabeleceremos o conúbio de forças com o Alto de modo a nos sentirmos amparados pelas inspirações do bem.

De tempos em tempos, ser-nos-á necessária uma pausa avaliativa para revermos a extensão e a qualidade dos serviços prestados e das tarefas realizadas. Somente assim podemos verificar o melhor rendimento de nossos propósitos.

Unamo-nos, que a tarefa é de todos nós. Somente a união nos proporciona forças para o cumprimento de nossos serviços, trazendo a fraternidade por lema e a humildade por garantia do êxito.

Com Jesus nos empreendimentos do amor e com Kardec na força da verdade, teremos toda orientação aos nossos passos, todo equilíbrio à nossa conduta.

Irmanemo-nos no sublime ministério da evangelização de almas e caminhemos adiante, avançando com otimismo.

Os amigos e companheiros desencarnados podem inspirar e sugerir, alertar e esclarecer, mas é necessário reconhecermos que a oportunidade do trabalho efetivo é ensejo bendito junto aos que desfrutam a bênção da reencarnação.

---

2 Mensagem recebida pelo médium Júlio Cezar Grandi Ribeiro, em sessão pública no dia 02/08/1982, na Casa Espírita Cristã, em Vila Velha-ES, publicada na separata da revista *Reformador*, FEB, 1986, e na obra *Sublime sementeira*, FEB, 2015.

Jesus aguarda!

Cooperemos com o Cristo na evangelização do homem.

Paz!

Bezerra de Menezes

APRESENTAÇÃO

O presente documento, intitulado *Orientação para a ação evangelizadora espírita da juventude: subsídios e diretrizes*, foi elaborado considerando-se as contribuições dos trabalhadores da Área de Infância e Juventude das Entidades Federativas Estaduais do Brasil, tendo como base os seguintes princípios:

> » O caráter educativo da ação evangelizadora espírita, de modo a promover continuamente o estudo, a prática e a difusão da Doutrina Espírita com o jovem, com vistas à vivência dos ensinamentos de Jesus e à formação do homem de bem;

> » A concepção de jovem como Espírito imortal com potencialidades e necessidades, em fase de aperfeiçoamento, e como protagonista[3] em seu processo de desenvolvimento moral e de aprimoramento espiritual;

> » A necessidade de se intensificarem a implantação e a implementação de grupos de juventude/mocidade nos Centros Espíritas, garantindo-lhes espaços de efetiva participação, estudo e confraternização;

> » A busca da qualidade crescente da tarefa da evangelização espírita,[4] contemplando o zelo doutrinário, relacional, pedagógico e organizacional;

> » A necessidade de fortalecer a ação jovem por meio do protagonismo juvenil e de sua integração nas atividades do Centro Espírita e do Movimento Espírita;

---

[3] Vide descrição sobre *protagonismo juvenil* no item "O jovem e seu protagonismo" do presente documento.

[4] Entende-se por evangelização espírita toda a ação voltada para o estudo, a prática e a difusão da Doutrina Espírita junto à criança e ao jovem. Por ser Jesus o guia e modelo para a humanidade, seu Evangelho constitui roteiro seguro para a formação de hábitos e caracteres orientados ao bem e à construção da paz. Conforme expõe Bezerra de Menezes (1982), "[...] a tarefa de Evangelização Espírita Infantojuvenil é do mais alto significado dentre as atividades desenvolvidas pelas Instituições Espíritas, na sua ampla e valiosa programação de apoio à obra educativa do homem. Não fosse a evangelização, o Espiritismo, distante de sua feição evangélica, perderia sua missão de Consolador [...]" (DUSI, 2015).

» A organização de eixos estruturantes de todas as ações com os jovens, contemplando conhecimento doutrinário, aprimoramento moral e transformação social;

» O papel do evangelizador/coordenador de juventude, com destaque para sua constante preparação e estudo, bem como para o perfil de liderança, dinamismo, integração, afetividade, criatividade, dedicação, comunicação, disciplina, flexibilidade, compromisso e exemplificação;

» O zelo com a ambiência (considerando os ambientes físico e espiritual) e a organização de estratégias metodológicas alinhadas aos princípios da Doutrina Espírita, adequadas e atrativas ao público juvenil, que despertem seu interesse, motivação, aprendizado e desenvolvimento, estimulando o autoconhecimento, o autoaprimoramento e a construção de sua autonomia;

» O investimento simultâneo nos diferentes espaços de ação jovem, objetivando o protagonismo juvenil: espaços de estudo doutrinário e vivência do Evangelho; de convivência familiar; de vivência e ação social; de confraternização; de comunicação social; de integração nas atividades do Centro Espírita e do Movimento Espírita;

» A importância do envolvimento da família para promover a formação moral[5] do jovem e o fortalecimento permanente dos vínculos de afeto, cooperação, respeito e aprendizado coletivo;

» A atenção ao Plano de Trabalho do Movimento Espírita Brasileiro e da Área de Infância e Juventude do Movimento Espírita Brasileiro em vigência e demais documentos oriundos do Conselho Federativo Nacional e da Área de Infância e Juventude, como instrumentos norteadores das ações que promovem a estruturação e a dinamização da tarefa, a capacitação de trabalhadores, a organização e o funcionamento no Centro Espírita, e a dinamização das ações em âmbito federativo.

---

5 KARDEC. *O livro dos espíritos*, q. 629: "Que definição se pode dar da moral? A moral é a regra do bem proceder, isto é, de distinguir o bem do mal. Funda-se na observância da Lei de Deus. O homem procede bem quando tudo faz pelo bem de todos, por que então cumpre a Lei de Deus."

INTRODUÇÃO

> *Me imagino em um quarto muito, muito, muito escuro! Tento de algumas formas conseguir enxergar, mas não consigo! Aí, de repente, se acende uma lâmpada, que me mostra o quanto o quarto tá bagunçado, desorganizado, tudo fora do lugar! A lâmpada não vai arrumar essa bagunça pra mim, mas ela me mostrou o quanto eu tenho que fazer. A Doutrina Espírita é a minha lâmpada!*
>
> FERNANDA, 19 ANOS[6]

A juventude brasileira tem sido alvo de inúmeros estudos na última década. A identificação de seu perfil, dos novos hábitos, comportamentos, ideias e ideais vem pautando ações voltadas para o melhor atendimento às suas necessidades e seus interesses em todos os campos de inserção que caracterizam a vida jovem.

No campo religioso, as Instituições Espíritas, alinhadas aos propósitos de promover o estudo, a prática e a difusão da Doutrina Espírita, têm se empenhado em implantar e implementar ações junto à juventude, de modo a favorecer espaços de estudo doutrinário, vivência evangélica e confraternização, em consonância com o alerta de Bezerra de Menezes (2012):

> Considerando-se, naturalmente, a criança como o porvir acenando-nos agora, e o jovem como o adulto de amanhã, não podemos, sem graves comprometimentos espirituais, sonegar-lhes a educação, as luzes do Evangelho de Nosso Senhor Jesus Cristo, fazendo brilhar em seus corações as excelências das lições do excelso Mestre com vistas à transformação das sociedades em uma nova humanidade (DUSI, 2015).

Mediante a relevância e seriedade da tarefa, Joanna de Ângelis convida-nos ao exercício do planejamento, enfatizando:

> Nas atividades cristãs que a Doutrina Espírita desdobra, o servidor é sempre convidado a um trabalho eficiente, pois a realização não

---

[6] Depoimento dos jovens que participaram da enquete virtual DIJ/FEB, abril a junho de 2013, com a participação de 1.072 respondentes.

deve ser temporária nem precipitada, mas de molde a atender com segurança. [...] Planejar-agindo é servir-construindo. [...] Planifica tudo o que possas fazer e que esteja ao teu alcance (FRANCO, 1978a).

Em face dessas reflexões, somos instados ao exercício de planejar as ações evangelizadoras com os jovens, organizando subsídios que favoreçam sua implantação e implementação de forma efetiva e primando por sua qualidade crescente.

Para melhor conhecer o perfil da juventude espírita brasileira, foi realizado um censo (2009-2011), coordenado pelo DIJ/FEB, contando com a participação das 27 unidades da Federação.

Debates, construções e sugestões foram traduzidos em experiências nos diversos rincões do Brasil e compartilhados como práticas exitosas para se alcançarem os objetivos da tarefa de evangelização com os jovens. A análise das experiências, somada aos momentos coletivos de reflexão sobre o tema, promovidos pelo VI Encontro Nacional de Diretores de DIJ (2012), e as ações específicas promovidas por várias entidades federativas estaduais contribuíram para a organização de iniciativas com vistas à dinamização da tarefa junto aos jovens, aos pais, aos evangelizadores/coordenadores e aos dirigentes, observando-se gradativa e significativa ampliação das ações ao longo dos anos.

Relevante realidade a ser considerada no presente estudo, e que refletirá na organização da atividade nas Instituições Espíritas, refere-se ao crescimento do número de jovens espíritas no país. Um comparativo dos dados do IBGE de 2000 e 2010 mostra que, a despeito de a população jovem ter se mantido estável em âmbito nacional (+0,05%), a população jovem espírita aumentou 38,93%, o que representa um crescimento de mais de 174.000 jovens, conforme as tabelas a seguir:

JUVENTUDE (12 A 24 ANOS)	2000	2010	Diferença
Total Brasil — População	169.872.856	190.755.799	20.882.943
Total Brasil — Espíritas	2.262.401	3.848.876	1.586.475
População Brasil — 12 a 24 anos	44.504.434	44.527.932	23.499 (+0,05%)
População Brasil — 12 a 24 anos — Espírita	448.600	623.221	174.621 (+38,93%)
Proporção — Jovens x Brasil	26,20%	23,34%	-
Proporção — Jovens x Espíritas	19,83%	16,19%	-

JUVENTUDE ESPÍRITA		
Faixa etária	2000	2010
12 a 14	88.030	125.600
15 a 19	174.533	224.604
20 a 24	186.037	273.017
Total	448.600	623.221

* Dados aproximados. Visto que o IBGE trabalha com o segmento etário de 10 a 14 anos, consideraram-se, para fins do cálculo apresentado, os dados do censo divididos nos segmentos de 10 a 11 anos (infância) e 12 a 24 (juventude), atendendo ao critério de proporcionalidade previsto na projeção da população brasileira realizada pelo IBGE.[7]

O momento nos convida, portanto, a prosseguir e avançar. A construção do documento *Orientação para a ação evangelizadora espírita da juventude: subsídios e diretrizes* objetiva oferecer ao Movimento Espírita Brasileiro sugestões para potencializar as ações espíritas com a juventude, favorecendo o estudo da Doutrina Espírita e a efetiva participação e integração dos jovens nas atividades do Centro Espírita. Nessa perspectiva, a organização do presente documento contempla a identificação de espaços de ação que consideram a visão do jovem na atualidade, dialogando com seus contextos, bem como o compartilhamento das experiências desenvolvidas pelos estados brasileiros, que evidenciam o protagonismo juvenil e servem de base e inspiração para a organização contínua de ações, projetos e programas com o público jovem.

Para tanto, foram considerados como referência na elaboração deste documento:

» Obras básicas da Doutrina Espírita;

» O livro *Sublime sementeira: evangelização espírita infantojuvenil* (FEB, 2015) e outras obras de temática espírita e educacional;

» Documentos orientadores oriundos do Conselho Federativo Nacional da FEB e da Área de Infância e Juventude do CFN/FEB;

» Resultados do censo sobre o perfil da juventude espírita brasileira, realizado com a participação das 27 unidades da Federação e desenvolvido durante as reuniões das comissões regionais do CFN (2010–2011);

---

[7] Estudo desenvolvido por Chrispino e Torracca (2015) e apresentado durante o VII Encontro Nacional da Área de Infância e Juventude do CFN/FEB.

» Síntese das discussões sobre a Juventude Espírita Brasileira ocorrida durante as reuniões das Comissões Regionais do CFN de 2011 e que balizaram a organização de ações junto aos jovens, familiares, evangelizadores e dirigentes de Instituições Espíritas (apresentadas na reunião ordinária do CFN de 2011);

» As contribuições escritas dos participantes do VI Encontro Nacional de Diretores de DIJ (Brasília, 2012), construídas durante o seminário "Perfil da Juventude Espírita Brasileira", sobre as implicações efetivas para a ação evangelizadora;

» O Plano de Trabalho para o Movimento Espírita Brasileiro (2013-2017) e o Plano de Trabalho para a Área de Infância e Juventude (2012-2017);

» Os resultados das enquetes publicadas no *site* do DIJ/FEB voltadas para os jovens e os evangelizadores em 2013;

» As contribuições da Área de Infância e Juventude e da Coordenação de Juventude das Entidades Federativas Estaduais durante o VII Encontro Nacional da Área de Infância e Juventude (2015);

» Estudos teóricos e contribuições acadêmicas de áreas do conhecimento relacionadas a educação, psicologia e desenvolvimento humano.

O documento organiza-se em duas partes, sendo a primeira referente ao aprofundamento filosófico-doutrinário da tarefa, com destaque para as concepções de jovem e para a qualidade da ação evangelizadora, e a segunda referente às diretrizes para a ação evangelizadora espírita da juventude.

Esperamos que o presente documento auxilie as Instituições Espíritas do Brasil na implantação e implementação da evangelização espírita da juventude, de modo a fortalecer, continuamente, as ações da juventude/mocidade espírita,[8] reconhecendo a relevante e bela responsabilidade assumida, enquanto tarefeiros espíritas, pais, familiares, evangelizadores e educadores em geral, para sua condução pela senda do bem.

---

8 Para fins do presente documento, entende-se por juventude/mocidade espírita o agrupamento de jovens vinculado a uma Instituição Espírita com o propósito de estudar o Espiritismo, confraternizar, atuar nas atividades da Instituição e vivenciar os princípios do Evangelho de Jesus.

PARTE 1

SUBSÍDIOS PARA A AÇÃO EVANGELIZADORA ESPÍRITA DA JUVENTUDE

> *A Doutrina, para mim, é como a luz de um lampião que me permite ver melhor o caminho a minha frente. Porém, essa luz apenas me mostra as opções e deixa a escolha a meu critério. A escolha e o mérito. Méritos e responsabilidades por minhas escolhas erradas. Enfim, o Espiritismo me permite ser essencialmente livre. O Espiritismo não é apenas minha Doutrina, é meu modo de viver.*
>
> MARIA, 18 ANOS

Visando a uma melhor compreensão dos elementos que integram as ações com os jovens, apresentamos, a seguir, concepções e reflexões acerca do jovem e da relevância da Doutrina Espírita para o público juvenil, da finalidade da ação evangelizadora, do papel do evangelizador/coordenador e dirigente da Instituição Espírita, do papel da família e dos espaços de ação do jovem na atualidade.

CAPÍTULO 1

O JOVEM E SEU PROTAGONISMO

> *A Doutrina Espírita é a religião que escolhi para seguir, é a base de sustentação do meu pensamento, das minhas ideologias e é o substrato necessário para que eu possa entender tudo que está ao meu redor e, principalmente, em mim. A Doutrina me consola, me ampara, mas também me engrandece, me aprimora e me edifica. Unir o conhecimento, a religião — como arcabouço de fé — e a prática da caridade me torna eternamente grata à Doutrina Espírita e me faz ter orgulho da minha religião e ciente da minha responsabilidade como uma jovem espírita.*
> RAISSA, 20 ANOS

O jovem é um Espírito reencarnado em fase de desenvolvimento, definições e escolhas. A busca do conhecimento e de sentidos para a vida torna a juventude um período propício para a reflexão e para o alinhamento dos objetivos reencarnatórios mediante os contextos e as possibilidades que se apresentam, convidando o jovem ao exercício do autoconhecimento, à reforma íntima e ao cultivo de atitudes responsáveis por meio do seu livre-arbítrio, do reconhecimento da lei de causa e efeito e da vivência das leis morais consubstanciadas na justiça, no amor e na caridade.

Compreendendo a juventude como etapa do ciclo da vida entre a infância e a fase adulta, inúmeros fatores tendem a influenciar o seu desenvolvimento, considerando-se não apenas a sua bagagem espiritual pretérita, enquanto Espírito imortal, com suas necessidades e virtudes em fase de aprimoramento, mas igualmente as condições da vida presente, sua vivência familiar, suas interações sociais, as oportunidades educacionais, seu contexto histórico-cultural, dentre outras. Reconhecendo o papel ativo do indivíduo nas interações que estabelece em seu ambiente, identifica-se que tais fatores exercem influência, mas não determinam previamente condições e caminhos, visto que o jovem é dotado de livre-arbítrio perante as escolhas a que é convidado a fazer ao longo da vida. Nesse sentido, inúmeros perfis representam o mundo jovem, considerando a singularidade dos indivíduos, o que permite identificar características que apresentam similaridade em determinada geração.

A Doutrina Espírita, ao descortinar o véu da ignorância acerca da vida no mundo espiritual, oportunizou um novo olhar a respeito da vida no mundo físico, especialmente no que tange à função educativa da reencarnação, conforme nos aponta Joanna de Ângelis:

> A reencarnação, sem dúvida, é valioso método educativo de que se utiliza a vida, a fim de propiciar os meios de crescimento, desenvolvimento de aptidões e sabedoria ao Espírito que engatinha no rumo da sua finalidade grandiosa.

> [...] Por isso, e sobretudo, a tarefa da educação há que ser moralizadora, a fim de promover o homem não apenas no meio social, antes preparando-o para a sociedade essencial, que é aquela preexistente ao berço donde ele veio e sobrevivente ao túmulo para onde se dirige (FRANCO, 1994a).

Sob tal perspectiva, os evangelizadores/coordenadores de juventude devem reconhecer e acolher os jovens como Espíritos imortais, com bagagens e conquistas espirituais, com dificuldades a serem superadas e potencialidades a serem desenvolvidas.

A intensidade da vida jovem convida-nos, enquanto educadores, à organização de programas e atividades que encontrem ressonância e sentido em suas áreas de interesse, de modo a se sentirem ativos e integrados nos diferentes contextos de sua vida.

Conforme afirma Joanna de Ângelis:

> O período juvenil, limitado entre a infância e a idade da razão, é de muita significação para o desenvolvimento real do indivíduo, porque abre espaços existenciais para a aprendizagem, fixação dos conhecimentos, ansiedades de conquistas e realizações, em um caleidoscópio fascinante (FRANCO, 2013).

Concebendo a adolescência como importante fase em que "o Espírito retoma a natureza que lhe é própria e se mostra qual era" (KARDEC,

2003, q. 385), reconhece-se o benéfico efeito do estudo e da vivência da mensagem cristã desde a fase da infância, cujo conhecimento fortalece as almas infantojuvenis para a adequada tomada de decisões e para a escolha de caminhos saudáveis e coadunados aos ensinamentos espíritas. Mediante os desafios da atualidade, a mensagem de Jesus à luz do Espiritismo representa roteiro seguro e convida o jovem a assumir-se como tarefeiro no bem e a contribuir para a construção do mundo novo como fiel colaborador do Cristo nas transformações da sociedade.

A ação preventiva da tarefa de evangelização espírita é destacada por Espíritos como Guillon Ribeiro (1963) e Francisco Thiesen (1997):

> [...] sua ação preventiva evitará derrocadas no erro, novos desastres morais (Guillon Ribeiro – DUSI, 2015).

> Dignificados pelo conhecimento e vivência dos postulados espíritas-cristãos que aprenderam na infância e na juventude, enfrentam melhor os desafios que os surpreendem, ricos de esperança e de paz, sem se permitirem afligir ou derrapar nas valas do desequilíbrio, da agressividade, da delinquência (Thiesen – DUSI, 2015).

Afeto, criatividade, movimento, idealismo, arte, trabalho, comunicação, tecnologia, interação e desejo de transformação são alguns dos muitos elementos que permeiam o mundo jovem e que, associados ao conhecimento espírita e à vivência dos ensinamentos cristãos, contribuem para a formação de verdadeiras pessoas de bem.

Destaca-se, sob tal ótica, a participação do jovem nas ações espíritas, cujo envolvimento, protagonismo e engajamento, em conjunto com os demais integrantes da Instituição Espírita, garantem a construção coletiva de ações significativas e contextualizadas, pautadas na união de talentos, na prática do bem e na promoção de espaços de ação jovem.

A perspectiva de uma participação efetiva que envolva jovens e adultos em um processo de construção de sentidos e ações concretas de transformação pessoal e social, a partir da reflexão-ação, à luz do Espiritismo, sobre questões da própria juventude e da sociedade de forma mais ampla, possibilita a vivência protagonista de todos os envolvidos e, em especial, do público juvenil.

Costa (2000) afirma que "o protagonismo juvenil é uma forma de atuação com os jovens, a partir do que eles sentem e percebem sua realidade". Em especial no campo da educação, designa a atuação do jovem como personagem principal de uma iniciativa, atividade ou projeto voltado para a solução de problemas reais, portanto, é a participação ativa e construtiva do jovem na vida da escola, da comunidade ou da sociedade mais ampla.

> [...] o protagonismo preconiza um tipo de relação pedagógica que tem a solidariedade entre gerações como base, a colaboração educador-educando como meio e a autonomia do jovem como fim. O protagonismo juvenil, embora tenha seu eixo na educação para a cidadania, concorre também para a formação integral do adolescente, uma vez que as práticas e vivências exercem influência construtiva sobre o jovem e em toda a sua inteireza (COSTA, 2000).

Para o autor, o protagonismo juvenil é necessário como via pedagógica para os adolescentes e, para os educadores, como caminho inovador no preparo das novas gerações. Costa (2000) reconhece o protagonismo como modalidade de ação educativa, enquanto criação de espaços e condições capazes de possibilitar ao jovem envolver-se em atividades direcionadas para a solução de problemas reais, atuando como fonte de iniciativa, liberdade e compromisso: "Participar, para o adolescente, é influir, através de palavras e atos, nos acontecimentos que afetam a sua vida e a vida de todos aqueles em relação aos quais ele assumiu uma atitude de não indiferença, uma atitude de valoração positiva".

No presente documento, o tópico "Espaços de ação jovem" contempla relevantes apontamentos acerca do protagonismo juvenil e convites para uma prática integrada e fortalecida no propósito de estudo, prática e difusão da Doutrina Espírita.

CAPÍTULO 2

AÇÃO EVANGELIZADORA ESPÍRITA COM O JOVEM

Não nasci em uma família espírita. Viver na Terra não foi nada fácil, não por dificuldades financeiras ou familiares de qualquer gênero. Sempre tive de tudo — boa família, boa condição financeira, frequentei boas escolas e tudo mais que eu pudesse querer, dentro, é claro, das limitações de uma tranquila vida da classe média alta. Mas 90% do que eu vivia ou conhecia não me satisfaziam. Pensava que era algo errado comigo. Como eu podia ter tudo e não estar satisfeito? Hoje entendo que eu vivia em função de prazeres materiais que não agradavam um Espírito sensível que tinha fome de algo mais. Eu ansiava por conhecer o Cristo, mas não um Jesus que era apenas um sacrifício humano para absolvição de pecados. Eu desejava a verdade, o caminho e a vida. Depois desse breve relato, tentarei responder a sua pergunta inicial. Há três anos conheço o Consolador Prometido, a nobre Doutrina que me ajuda a ascender na minha jornada evolutiva, me tornou mais humano e me esclareceu sobre a minha condição. Graças ao Espiritismo não me vejo como um jovem ou um homem, sei que sou muito mais. Um Espírito que ainda traz do pretérito seus débitos e faltas, mas que hoje tenta se posicionar como um humilde servo, talvez o último da fila, mas com certeza um seareiro do Cristo.

CAIO, 20 ANOS

2.1 Definição, finalidade e objetivo

A ação evangelizadora espírita da infância e da juventude representa toda a ação voltada ao estudo, à prática e à difusão da Doutrina Espírita junto à criança e ao jovem.

Reconhecendo Jesus como o guia e modelo oferecido por Deus à humanidade (KARDEC, 2003, q. 625), identifica-se em seu mandamento maior a finalidade de toda ação evangelizadora:

> "Amarás o Senhor teu Deus de todo o teu coração, de toda a tua alma e de todo o teu espírito", este o maior e o primeiro mandamento. E aqui tendes o segundo, semelhante a esse: "Amarás o teu próximo como a ti mesmo". Toda a lei e os profetas se acham contidos nesses dois mandamentos (JESUS – *Mateus*, 22:36 a 40).

Abordando as questões relativas à perfeição moral e ao papel educativo do Espiritismo, Allan Kardec apresenta, em *O livro dos espíritos* (Terceira Parte, cap. XII), relevantes comentários sobre a questão 917, estreitamente relacionadas à prática evangelizadora junto às crianças e aos jovens:

> Louváveis esforços indubitavelmente se empregam para fazer que a humanidade progrida. Os bons sentimentos são animados, estimulados e honrados mais do que em qualquer outra época. Entretanto, o egoísmo, verme roedor, continua a ser a chaga social. É um mal real, que se alastra por todo o mundo e do qual cada homem é mais ou menos vítima. Cumpre, pois, combatê-lo, como se combate uma enfermidade epidêmica. Para isso, deve-se proceder como procedem os médicos: ir à origem do mal. [...] Poderá ser longa a cura, porque numerosas são as causas, mas não é impossível. Contudo, ela só se obterá se o mal for atacado em sua raiz, isto é, *pela EDUCAÇÃO, não por essa educação que tende a fazer homens instruídos, mas pela que tende a fazer homens de bem*. A educação, convenientemente entendida, constitui a chave do progresso moral. Quando se conhecer a arte de manejar os caracteres, como se conhece a de manejar as inteligências, conseguir-se-á corrigi-los, do mesmo modo que se aprumam plantas novas. [...] Faça-se com o moral o que se faz com a inteligência e ver-se-á que, se há naturezas refratárias, muito maior do que se julga é o número das que apenas reclamam boa cultura, para produzir bons frutos (grifo nosso).

Nesse sentido, considera-se que a ação evangelizadora espírita tem como objetivo primordial a formação de homens de bem, em conformidade com o mandamento maior de Jesus e com os caracteres descritos em *O evangelho segundo o espiritismo* (cap. XVII, it. 3). Para o alcance dos resultados almejados, os esforços voltam-se a promover a integração da criança e do jovem com Deus, com o próximo e consigo mesmo por meio do estudo e vivência da Doutrina Espírita.

As reuniões da juventude/mocidade espírita têm como objetivo:

» Proporcionar o estudo e a vivência da Doutrina Espírita, em seu tríplice aspecto, e dos ensinos morais do Evangelho de Jesus, visando à sua aplicação à vida diária e à formação de pessoas de bem;

» Promover e estimular a integração do jovem "consigo mesmo, com o próximo e com Deus",[9] bem como no conjunto de atividades dos Centros e do Movimento Espírita;

» Oferecer ao jovem a "oportunidade de perceber-se como homem integral, crítico, consciente, participativo, herdeiro de si mesmo, cidadão do universo, agente de transformação de seu meio, rumo a toda perfeição de que é suscetível".[10]

Com tal enfoque, observa-se o desenvolvimento das atividades de evangelização espírita nas Instituições Espíritas, identificando-se como ação que contribui para o êxito da missão espiritual do país. Conforme nos informa Joanna de Ângelis:

> Graças ao trabalho preparatório que se vem realizando, há anos, junto à criança e ao jovem, é que encontramos uma floração abençoada de trabalhadores, na atualidade, que tiveram o seu início sadio e equilibrado nas aulas de evangelização espírita, quando dos seus dias primeiros na Terra...
>
> Este ministério de preparação do homem do amanhã facultará ao Brasil tornar-se realmente "O coração do mundo e a Pátria do Evangelho", conforme a feliz ideação do Espírito Humberto de Campos, por intermédio de Francisco Cândido Xavier, traduzindo o programa do Mundo maior em referência à nação brasileira (DUSI, 2015).

---

9 FEDERAÇÃO ESPÍRITA BRASILEIRA/CONSELHO FEDERATIVO NACIONAL. *Orientação ao centro espírita*. Rio de Janeiro: FEB, 2007. cap. 6, it. 3, objetivos "a" e "d", p. 66-67.
10 FEDERAÇÃO ESPÍRITA BRASILEIRA. *Currículo para as escolas de evangelização espírita infantojuvenil*. Rio de Janeiro: FEB, 2007.

Breves considerações sobre evangelizar e educar

Para fins de compreensão do presente documento, faz-se necessário o adequado entendimento dos termos "evangelizar" e "educar", muitas vezes utilizados sob perspectivas opostas, distintas ou mesmo antagônicas. A perspectiva desenvolvida no presente documento age sob a ótica da consonância, visto que toda evangelização é um ato educativo e que a educação, baseada nos princípios cristãos, é um ato evangelizador.

Concebendo-se evangelização espírita infantojuvenil como toda ação voltada para o estudo, a prática e a difusão da mensagem espírita junto à criança e ao jovem, identifica-se que o termo "evangelização" inspira a transformação moral do homem e do mundo por meio dos ensinamentos de Jesus. Por ser evangelização espírita, toda a ação perpassa os ensinamentos contidos nas obras codificadas por Allan Kardec, considerando seu tríplice aspecto: ciência, filosofia e religião. Nesse sentido, a dimensão moral é ampliada na perspectiva da crença em Deus, da construção da fé balizada na razão, na conduta fundamentada no bem, na consciência da sua imortalidade e no real entendimento de sua origem, destino e razão de existência.

Para além de uma transmissão de conhecimentos, a tarefa de evangelização espírita objetiva a ressonância dos ensinamentos espíritas nas mentes, nos corações e nas mãos das crianças e dos jovens, fortalecendo-os para o percurso reencarnatório. Por objetivar a *formação de hábitos* coadunados à mensagem cristã à luz da Doutrina Espírita, constitui uma ação educativa, atendendo à definição dada por Kardec no comentário sobre a questão 685a de *O livro dos espíritos*, ao afirmar que "a educação é o conjunto dos hábitos adquiridos".

A finalidade educativa do Espiritismo perpassa o conhecimento, o sentimento e a ação (pensar, sentir e agir) com vistas ao exercício pleno do Amor, maior ensinamento de Jesus, síntese de todo o objetivo evolutivo.

Nesse sentido, observa-se que a ação evangelizadora constitui um conjunto de ações formativas em seu sentido pleno, pois visa ao aprimoramento integral do indivíduo e à transformação social. A ação educativa também.

Com base nas considerações referidas, compreender-se-á, para os fins do presente documento, *ação evangelizadora espírita* como *ação*

> *educativa* pautada nos princípios espíritas, sem ater-se aos seus aspectos etimológicos, mas à natureza e às finalidades da tarefa desenvolvida junto à criança e ao jovem no Movimento Espírita Brasileiro.

2.2 Eixos estruturantes da tarefa: conhecimento doutrinário, aprimoramento moral e transformação social

> *A Doutrina Espírita tira o véu que nos cobre, fazendo-nos entender que a vida vai muito além desse materialismo grosseiro que podemos ver ou tocar, embora essencial para o nosso crescimento espiritual, mas não a verdadeira vida. Ela, a Doutrina, nos possibilita ter consciência de nós mesmos, Espíritos ainda imperfeitos, mas que, muito amados por Deus, poderemos chegar à felicidade relativa que nos espera de acordo com os nossos esforços; a certeza da vida futura, a vida espiritual; dando-nos o roteiro a seguir: Jesus. Mostra-nos como artífices de nosso destino, percebendo que não existem vítimas nem injustiçados, que a morte não é o fim. Que sempre somos amparados pela espiritualidade amiga que jamais nos abandona, mas cobre-nos com seu puro amor. Basta querermos estar conectados... Ainda que, humildemente, eu tente descrever as bênçãos que os adeptos dessa Doutrina de amor recebem, palavras ainda me faltam. O que posso compartilhar é que há um sentimento de gratidão do qual meu ser se adorna por ser conhecedor dessa Doutrina de luz.*
>
> CARLA, 20 ANOS

Consonantes e alinhados aos objetivos da evangelização espírita, os eixos estruturantes representam pilares filosóficos que perpassam todas as ações desenvolvidas em seu campo de atuação. Três eixos estruturantes são identificados e enfatizados visando ao alcance pleno dos objetivos da tarefa:

» Conhecimento doutrinário (fé raciocinada);

» Aprimoramento moral (vivência do amor);

» Transformação social (trabalho no bem).

Tais eixos representam pilares integrados sobre os quais se estrutura a ação evangelizadora, garantindo-lhe sentido e favorecendo a efetiva integração do indivíduo consigo mesmo, com o próximo e com Deus.

Nessa perspectiva, apresentamos, a seguir, algumas fundamentações doutrinárias que respaldam e apontam não apenas a transversalidade dos eixos nos diferentes focos e espaços de atuação, mas igualmente a inerente interação entre eles, formando significativo tripé sustentador de todas as ações evangelizadoras implementadas e que virão a ser desenvolvidas (destaques nossos).

» **Conhecimento doutrinário** (conhecer, instruir, esclarecer):

- Conhecereis *a verdade e ela vos libertará* (JESUS – *João*, 8:32).

- *Ninguém acende uma candeia para pô-la debaixo do alqueire; põe-na, ao contrário, sob o candeeiro, a fim de que* ilumine *a todos os que estão na casa* (JESUS – (*Mateus*, 5:15).

- *[...] que vosso amor cresça cada vez mais no pleno* conhecimento e em todo o discernimento (PAULO – *Filipenses*, 1:19).

- *Espíritas! amai-vos, este o primeiro ensinamento;* instruí-vos, *este o segundo* (O ESPÍRITO DE VERDADE – KARDEC, 2004, cap. VI, it.6).

- *Os espíritos anunciam que chegaram os tempos marcados pela Providência para uma manifestação universal e que, sendo eles os ministros de Deus e os agentes de sua vontade, têm por missão* instruir e esclarecer *os homens, abrindo uma nova era para a regeneração da humanidade* (KARDEC, 2003, Prolegômenos).

- *À medida que os homens se* instruem *acerca das coisas espirituais, menos valor dão às coisas materiais. Depois, necessário é que se reformem as instituições humanas que o [egoísmo] entretêm e excitam. Disso depende a educação* (KARDEC, 2003, resposta à q. 914).

- *Assim, o Espiritismo realiza o que Jesus disse do Consolador Prometido:* conhecimento *das coisas, fazendo que o homem saiba donde vem, para onde vai e por que está na Terra; atrai para os verdadeiros princípios da lei de Deus e consola pela fé e pela esperança* (KARDEC, 2004, cap. VI).

- *Fé inabalável só o é a que pode encarar frente a frente a* **razão**, *em todas as épocas da humanidade* (KARDEC, 2004, cap. 14, it. 7).

- *Somente o Espiritismo, bem entendido e bem* compreendido, *pode [...] tornar-se, conforme disseram os Espíritos, a grande alavanca da transformação da humanidade* (KARDEC, 2005, Projeto 1868).

- *O Espiritismo é uma* ciência *que trata da natureza, origem e destino dos Espíritos, bem como de suas relações com o mundo corporal* (KARDEC, 2006, Preâmbulo).

- Instruamo-nos, pois, para conhecer. *Eduquemo-nos para discernir. Cultura intelectual e aprimoramento moral são imperativos da vida, possibilitando-nos a manifestação do amor, no império da sublimação que nos aproxima de Deus* (EMMANUEL – XAVIER, 2006a).

» **Aprimoramento moral** (aperfeiçoar, corrigir, evoluir):

— *Porque onde está teu tesouro, aí estará também o teu coração* (JESUS – Mateus, 6:21).

— *O homem bom tira do bom tesouro de seu coração coisas boas* (JESUS – Mateus, 12:35).

— Há um elemento que se não costuma fazer pesar na balança e sem o qual a ciência econômica não passa de simples teoria. Esse elemento é a educação, não a educação intelectual, mas a educação moral. *Não nos referimos, porém, à educação moral pelos livros, e sim à que consiste na arte de formar os caracteres, à que incute hábitos, porquanto a educação é o conjunto dos hábitos adquiridos* (KARDEC, 2003, comentário sobre a q. 685a).

— *Encontraram na crença espírita a força para vencer as más inclinações desde muito tempo arraigadas, de romper com velhos hábitos, de calar ressentimentos e inimizades, de tornar menores as distâncias sociais. [...] Assim, pela força das coisas, o Espiritismo terá por consequência inevitável a melhoria moral.* (KARDEC, 2011).

— Não basta desenvolver as inteligências, é necessário formar caracteres, *fortalecer as almas e as consciências. Os conhecimentos devem ser completados por noções que esclareçam o futuro e indiquem o destino do ser. Para renovar uma sociedade, são necessários homens novos e melhores* (LÉON DENIS – DUSI, 2015).

— *Seja Allan Kardec, não apenas crido ou sentido, apregoado ou manifestado, a nossa bandeira, mas suficientemente vivido, sofrido, chorado e realizado em nossas próprias vidas* (BEZERRA DE MENEZES – Reformador, dez. 1975).

— A humanidade precisa ser reformada. Do interior do homem velho cumpre tirar o homem novo, *a nova mentalidade cujo objetivo será desenvolver o amor na razão direta do combate às multiformes modalidades em que o egoísmo se desdobra. A renovação do caráter depende da renovação dos métodos e processos educativos* (Vinícius – DUSI, 2015).

» **Transformação social** (regenerar, reconstruir, renovar):

— *Vós sois o sal da terra* (JESUS – *Mateus*, 5:13).

— *Vós sois a luz do mundo* (JESUS – *Mateus*, 5:14).

— *Assim brilhe também a vossa luz diante dos homens* (JESUS – *Mateus*, 5:16).

— *Todos vós, homens de fé e de boa vontade, trabalhai, portanto, com ânimo e zelo, na grande obra de regeneração, que colhereis pelo cêntuplo o grão que houverdes semeado* (KARDEC, 2003, q. 1.019).

— *Por sua poderosa revelação, o Espiritismo vem, pois, apressar a reforma social* (KARDEC, 2011).

— *[...] esta [melhoria moral] conduzirá à prática da caridade, e da caridade nascerá o sentimento de fraternidade. Quando os homens estiverem imbuídos dessas ideias, a elas conformarão suas instituições, e será assim que realizarão, naturalmente e sem abalos, todas as reformas desejáveis. É a base sobre a qual assentarão o edifício do futuro. Essa* transformação é inevitável, *porque está conforme a lei do progresso [...]* (KARDEC, 2011).

— *Para uma* sociedade nova é necessário homens novos. *Por isso, a educação desde a infância é de importância capital* (LÉON DENIS – DUSI, 2015).

— *Há necessidade de iniciar-se o esforço de regeneração em cada indivíduo, dentro do Evangelho, com a tarefa nem sempre amena da autoeducação. Evangelizado o indivíduo, evangeliza-se a família; regenerada esta, a sociedade estará a caminho de sua purificação, reabilitando-se simultaneamente a vida do mundo* (EMMANUEL – XAVIER, 2009).

— *Eduque-se o homem e teremos uma* Terra verdadeiramente transformada *e feliz!* (GUILLON RIBEIRO – DUSI, 2015).

— *Todo o empenho e todo o sacrifício na educação espírita das multidões de entidades que ora se reencarnam, no planeta terrestre, deve ser oferecido como recurso de construção definitiva em favor do mundo novo, preparando, desde hoje, os alicerces de amor e de sabedoria para que seja instalado rapidamente o reino de Deus nos corações humanos. Surjam ou não impedimentos, enfrentem-se ou não batalhas contínuas, a glória de quem serve é prosseguir sempre, e a daquele que educa é dignificar* (VIANNA DE CARVALHO – DUSI, 2015).

— *Como se assevera, com reservas, que o homem é fruto do meio onde vive, convém se não esquecer de que o* homem é o elemento formador do meio, *competindo-lhe modificar as estruturas do ambiente em que vive e elaborar fatores atraentes e favoráveis onde se encontre colocado a viver* (JOANNA DE ÂNGELIS – FRANCO, 1994a).

Mediante os eixos apresentados, reconhece-se a importância da visão formativa das ações espíritas, uma vez que, inspirando-se em Emmanuel (XAVIER, 2009): "Toda a tarefa, no momento, é *formar o espírito genuinamente cristão*; terminado esse trabalho, os homens terão atingido o dia luminoso da paz universal e da concórdia de todos os corações" (grifo nosso).

No que tange à ação evangelizadora junto à infância e à juventude, as mensagens de Bezerra de Menezes e de Joanna de Ângelis ratificam a visão formativa da tarefa, contextualizando-a:

> Sem dúvida alguma, a expansão do Movimento Espírita no Brasil, em número e em qualidade, está assentada na participação da criança e do jovem, naturais continuadores da causa e do ideal. Entendemos que somente assim a evangelização espírita infantojuvenil estará atingindo seu abençoado desiderato, não apenas pela expansão do Espiritismo no Brasil, mas, sobretudo, contribuindo para a *formação do homem evangelizado* que há de penetrar a alvorada de um novo milênio de alma liberta e coração devotado à construção de sua própria felicidade (BEZERRA DE MENEZES – DUSI, 2015).

> [...] os jovens da atualidade estarão chamados a exercer tarefas e atender a compromissos cujos resultados dependerão da *formação* que lhes seja dada, desde agora. Sendo a Doutrina Espírita a mais excelente Mensagem de todos os tempos — porque restauradora do pensamento de Jesus Cristo em forma compatível com as conquistas do conhecimento moderno —, é óbvio que a preparação das mentes infantojuvenis à luz da evangelização espírita é a melhor programação para uma sociedade feliz e mais cristã (JOANNA DE ÂNGELIS – DUSI, 2015).

O esquema a seguir sintetiza a ação evangelizadora espírita infantojuvenil:

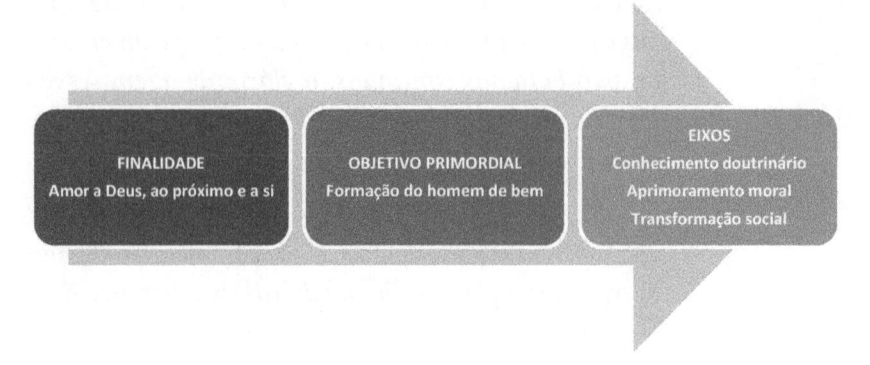

```
FINALIDADE                    OBJETIVO PRIMORDIAL           EIXOS
Amor a Deus, ao próximo e a si   Formação do homem de bem      Conhecimento doutrinário
                                                               Aprimoramento moral
                                                               Transformação social
```

Formação integral

A Doutrina Espírita não é só uma religião, é um estilo de vida, saber que a vida continua, que a morte não é o fim, que os frutos que hoje colhemos foram semeaduras do passado. A Doutrina Espírita rege o meu modo de agir e pensar. A alegria que sinto quando faço o bem ou entro no Centro Espírita que frequento é indescritível, o desejo de conhecer cada vez mais desta Doutrina consoladora.

LAINE, 14 ANOS

A Doutrina é a minha base, ajudou a formar o meu caráter. Não me imagino hoje não ser espírita, não imagino a minha vida sem a luz dessa Doutrina.

GUSTAVO, 17 ANOS

Cabeça, coração e mãos representam as três dimensões humanas consideradas no legado filosófico-educacional de Johann Heinrich Pestalozzi, mestre do codificador da Doutrina Espírita, Hippolyte Léon Denizard Rivail. Sua ação educativa se pautava no sentido da aprendizagem para a promoção da autonomia do ser.

No campo da ação evangelizadora espírita, destacamos relevante mensagem de Francisco Thiesen (DUSI, 2015): "[...] o melhor método de construir o futuro é dignificar o presente e equipá-lo com valiosos instrumentos de conhecimento, amor e trabalho direcionado para as criaturas do amanhã".

Nesse sentido, pode-se identificar estreita consonância das dimensões humanas (pensar, sentir e agir) com os eixos estruturantes da ação evangelizadora junto às crianças e aos jovens (conhecimento doutrinário, aprimoramento moral e transformação social), ressaltando-se seu valor integrativo.

CONHECIMENTO	AMOR	TRABALHO
CABEÇA	CORAÇÃO	MÃOS
PENSAR	SENTIR	AGIR
INFORMAR-SE	APRIMORAR-SE	TRANSFORMAR
CONHECIMENTO DOUTRINÁRIO	APRIMORAMENTO MORAL	TRANSFORMAÇÃO SOCIAL

Sob tal perspectiva, compreende-se que a ação evangelizadora se efetiva quando, respaldado pelos conhecimentos doutrinários, o indivíduo prossegue em sua reforma íntima e imprime, em seu contexto sociocultural, as atitudes resultantes do processo. O desenvolvimento não se restringe, dessa maneira, à formação intelectual, mas integra-se à formação moral e legitima-se na atitude social.

2.3 O papel da família

Não existem palavras que possam descrever a importância da Doutrina na minha vida. Nasci e fui criado dentro de uma família espírita que sempre me deu suporte baseado nos ideais espíritas e que me ajudou a entender muitas coisas que para mim não faziam sentido no mundo. E hoje eu tenho certeza de que o Espiritismo foi um dos maiores presentes que eu poderia ter na minha vida, me dando realmente razão para continuar tentando ser uma pessoa melhor a cada dia, não julgar as pessoas nunca e não dar valor aos supérfluos, porque na vida futura o que conta é a sua moral, o que fez e deixou de fazer. No final, o Espiritismo é minha base de sustentação para não cair no caminho que me desvia do Mestre e, se cair, me ajudar a levantar com mais força e atenção do que da última vez.

CAIO, 18 ANOS

Conquanto seja o lar a escola por excelência, [...] (os pais) jamais deverão descuidar-se de aproximá-los dos serviços da evangelização, em cujas abençoadas atividades se propiciará a formação espiritual da criança e do jovem diante do porvir.

Bezerra de Menezes
(DUSI – 2015)

A família constitui relevante célula da sociedade, lócus privilegiado das primeiras aprendizagens dos espíritos reencarnados, com relevante função socializadora e de amadurecimento espiritual.

Os vínculos intrafamiliares, para além das relações consanguíneas, de descendência e afinidade, representam eixos de referência emocional e social para crianças e jovens, preparando-os e fortalecendo-os para os desafios reencarnatórios assumidos.

Nessa perspectiva, Joanna de Ângelis afirma que:

> A família, sem qualquer dúvida, é bastião seguro para a criatura resguardar-se das agressões do mundo exterior, adquirindo os valiosos e indispensáveis recursos do amadurecimento psicológico, do conhecimento, da experiência para uma jornada feliz na sociedade. [...] a família é o alicerce sobre o qual a sociedade se edifica, sendo o primeiro educandário do espírito, onde são aprimoradas as faculdades que desatam os recursos que lhe dormem latentes.
>
> A família é a escola de bênçãos onde se aprendem os deveres fundamentais para uma vida feliz e sem cujo apoio fenecem os ideais, desfalecem as aspirações, emurchecem as resistências morais. O ser humano é estruturalmente constituído para viver em família, a fim de desenvolver os sublimes conteúdos psíquicos que lhe jazem adormecidos, aguardando os estímulos da convivência no lar, para liberá-los e sublimar-se (FRANCO, 2012).

A sociedade contemporânea vem apresentando mudanças e transformações na organização da família, revelando-se sob a forma de diferentes arranjos e configurações familiares, marcados por singulares histórias, valores, modos de comunicação e expressão de emoções e pensamentos. Sob tal realidade, a ênfase na qualidade das relações deve sempre preponderar sobre a estrutura que se apresenta.

Essas considerações encontram eco em pesquisas (IBOPE, 2006; NOVAES e MELLO, 2002) realizadas com jovens brasileiros, nas quais a família tem merecido especial destaque, uma vez que os pais são indicados por eles como tendo alto grau de influência na construção de seus valores. O apoio e a boa relação com a família são considerados como importantes fatores para a vida do jovem e, na escolha da religião, prepondera a influência da família, seguida pela influência dos amigos.

Reconhece-se, dessa forma, que a família assume relevante função no processo evolutivo das crianças e dos jovens. A maternidade e a paternidade constituem verdadeiras missões, visto que "Deus colocou o filho sob a tutela dos pais, a fim de que estes o dirijam pela senda do bem" (KARDEC, 2003, q. 582). Os pais e familiares são, nesse sentido, evangelizadores por excelência, assumindo séria tarefa educativa junto às crianças e aos jovens que compõem seu núcleo familiar:

> [...] inteirai-vos dos vossos deveres e ponde todo o vosso amor em aproximar de Deus essa alma; tal a missão que vos está confiada e cuja recompensa recebereis, se fielmente a cumprirdes. Os vossos cuidados e a educação que lhe dareis auxiliarão o seu aperfeiçoamento e o seu bem-estar futuro. Lembrai-vos de que a cada pai e a cada mãe perguntará Deus: "Que fizestes do filho confiado à vossa guarda?" (KARDEC, 2004, cap. XIV, it. 9).

Tendo em vista a relevante orientação de Santo Agostinho, os núcleos familiares devem promover um ambiente doméstico educativo, afetuoso, coerente e evangelizador, de modo a favorecer o desenvolvimento moral e espiritual dos filhos e a orientá-los para os caminhos do bem.

O vínculo com a Instituição Espírita, por meio da evangelização e dos grupos e reuniões de família, caracteriza-se como oportunidade de fortalecimento e consolidação do processo de educação moral e espiritual vivenciado no espaço familiar. Nesse sentido, a realização do Evangelho no lar e as atividades oferecidas pela Instituição Espírita representam especiais e imprescindíveis momentos de estudo, convivência e aprendizagem em família.

> Evangelizemos nossos lares, meus filhos, doando à nossa família a bênção de hospedarmos o Cristo de Deus em nossas casas. A oração em conjunto torna o lar um santuário de amor onde os Espíritos mais nobres procuram auxiliar mais e mais, dobrando os talentos de luz que ali são depositados (BEZERRA DE MENEZES – DUSI, 2015).

Portanto, "que os pais enviem seus filhos às escolas de evangelização, interessando-se pelo aprendizado evangélico da prole, indagando, dialogando, motivando, acompanhando..." (GUILLON RIBEIRO – DUSI, 2015).

2.4 O papel e o perfil do evangelizador/coordenador de juventude

> *A Doutrina me auxilia a ser alguém melhor. É além de aprendizado, incentivo e desafio. Através dela compreendo um pouco mais da grandiosidade da vida a cada dia que passa. Aprender, ser incentivada e desafiada a amar mais, saber que todo o resto é consequência do amor, que as minhas atitudes, por menores que sejam, têm valor e que posso ajudar as pessoas com o mais singelo gesto.*
> TALITA, 19 ANOS

O evangelizador/coordenador assume relevante papel na aproximação da mensagem espírita à mentes, ao coração e às mãos juvenis, estimulando o jovem a pensar, sentir e agir em conformidade com os princípios cristãos na senda do progresso individual e coletivo.

Sua ação deve ser pautada nos princípios da fraternidade, da amorosidade e da coerência doutrinária, contextualizando os ensinamentos à realidade e à vivência do jovem. Sensibilidade, coerência, empatia, amizade, responsabilidade, conhecimento, alegria e zelo são algumas das características dos evangelizadores/coordenadores de juventude que buscam a construção de espaços interativos de aprendizado e de confraternização com os jovens.

Muito além de um "transmissor de conhecimento", o evangelizador/coordenador atua como mediador entre a Doutrina Espírita e o jovem, potencializando as interações, os diálogos, os debates e as vivências que favoreçam o processo mútuo de transformação moral rumo à formação do *homem de bem*, compreendido em sua vivência genuinamente cristã.

Para tanto, o evangelizador/coordenador deve valer-se da adequada e contínua preparação doutrinária e pedagógica, para que "não se estiolem sementes promissoras ante o solo propício, pela inadequação de métodos e técnicas de ensino, pela insipiência de conteúdos, pela ineficácia de um planejamento inoportuno e inadequado. Todo trabalho rende mais em mãos realmente habilitadas" (GUILLON RIBEIRO – DUSI, 2015).

Amélia Rodrigues (FRANCO, 1979) orienta-nos, ainda, quanto ao papel educativo das ações e condutas mediante as possibilidades individuais, ao afirmar que "todos somos educadores. Educamos pelo que fazemos, educamos com o que dizemos", alertando-nos para o fato de que "o primeiro passo de quem ensina deve ser dado no sentido de educar-se".

Sob tal perspectiva, reconhece-se que o evangelizador é um Espírito imortal, igualmente em aprendizagem e desenvolvimento, que, ao abraçar a tarefa da evangelização, compromete-se com o exercício contínuo do autoaprimoramento e da coerência entre o ensino e a prática do Evangelho de Jesus. Conforme nos apresenta Emmanuel:

> Quando Jesus penetra o coração de um homem, converte-o em testemunho vivo do bem e manda-o a evangelizar os seus irmãos com a própria vida e, quando um homem alcança Jesus, não se detém, pura e simplesmente, na estação das palavras brilhantes, mas vive de acordo com o Mestre, exemplificando o trabalho e o amor que iluminam a vida, a fim de que a glória da cruz se não faça vã (XAVIER, 2010a).

A despeito das imperfeições inerentes ao processo evolutivo em que todos se encontram, a tarefa de evangelização convida o evangelizador à exemplificação e enseja humildade perante as aprendizagens, coragem perante os desafios, fraternidade perante as interações, alegria perante as conquistas e gratidão perante as oportunidades de crescimento conjunto.

Algumas características podem ser cultivadas, continuamente, pelos evangelizadores/coordenadores de juventude, a fim de que possam desenvolver, com segurança, a nobre tarefa abraçada:

» Conhecimento da Doutrina Espírita;

» Conhecimento e identificação com os objetivos da tarefa;

» Empatia e integração com o público jovem, conhecendo suas características, potencialidades, necessidades e interesses, de acordo com sua individualidade, fase de desenvolvimento e o contexto histórico-cultural do grupo;

» Reconhecimento e valorização do protagonismo juvenil;

- » Comprometimento com o processo formativo dos jovens, na perspectiva da promoção do conhecimento doutrinário (pensar), da reforma íntima (sentir) e da transformação social (agir);
- » Sensibilidade na construção das relações interpessoais e na formação dos vínculos de confiança, amizade e fraternidade;
- » Busca do contínuo aperfeiçoamento comunicacional e didático, identificando estratégias, metodologias e atividades dinamizadoras e adequadas ao público jovem;
- » Abertura para o diálogo, mediação e comunicação, dentro e fora da juventude/mocidade espírita e do Centro Espírita;
- » Busca do autoconhecimento e autoaprimoramento;
- » Liderança, habilidade e disposição para o trabalho em equipe.

Nesse contexto, a formação inicial e continuada de evangelizadores mostra-se fundamental e deve primar pela fidelidade doutrinária, pelo zelo relacional, pela qualidade pedagógica e pela organização da tarefa, indispensáveis à prática evangelizadora, de modo a proporcionar a conscientização acerca da responsabilidade dos trabalhadores da evangelização e a segurança necessária à adequada condução da tarefa assumida.

2.5 O papel do dirigente da Instituição Espírita

A juventude/mocidade espírita, como setor integrado à organização do Centro Espírita, necessita do apoio dos dirigentes e da equipe gestora da Instituição, visando ao adequado desenvolvimento de suas ações.

Espíritos como Bezerra de Menezes (1982), Guillon Ribeiro (1963) e Francisco Thiesen (1997), ao abordarem a relevância da evangelização espírita junto à criança e ao jovem, destacam o necessário envolvimento das Instituições Espíritas, cujos trechos de mensagens e orientações são apresentados a seguir:

> Tem sido enfatizado, quanto possível, que a tarefa da evangelização espírita infantojuvenil é do mais alto significado dentre as atividades desenvolvidas pelas Instituições Espíritas, na sua ampla e valiosa programação de apoio à obra educativa do homem. Não fosse a

evangelização, o Espiritismo, distante de sua feição evangélica, perderia sua missão de Consolador [...] (BEZERRA DE MENEZES – DUSI, 2015).

Que dirigentes e diretores, colaboradores, diretos e indiretos, prestigiem sempre mais o atendimento a crianças e jovens nos agrupamentos espíritas, seja adequando-lhes a ambiência para tal mister, adaptando ou, ainda, improvisando meios, de tal sorte que a evangelização se efetue, se desenvolva, cresça, ilumine (GUILLON RIBEIRO – DUSI, 2015).

Ao dirigente espírita cabe a tarefa de propiciar aos evangelizadores todo o apoio necessário ao bom êxito do empreendimento espiritual. Não apenas a contribuição moral de que necessitam, mas também as condições físicas do ambiente, o entusiasmo doutrinário atraindo os pais, as crianças e os jovens, facilitando o intercâmbio entre todos os participantes e, por sua vez, envolvendo-se no trabalho que é de todos nós, desencarnados e encarnados (THIESEN – DUSI, 2015).

Nesse sentido, a sensibilização, a presença e o apoio dos dirigentes para a organização dos espaços de ação com o jovem no Centro Espírita garantirão a sua realização em ambiente de apoio mútuo, favorecendo-lhe não apenas a oportunidade do estudo e prática do Espiritismo, mas, igualmente, as orientações seguras de companheiros mais experientes.

2.6 A importância da qualidade da tarefa: qualidade doutrinária, qualidade relacional, qualidade pedagógica e qualidade organizacional

A Doutrina Espírita sempre esteve presente em minha vida, tendo em vista que nasci em família espírita. Mas ela só assumiu real importância quando eu senti de forma efetiva a mudança que ela gera em mim, tanto no que diz respeito ao comportamento moral, ao conhecimento científico e às maravilhosas amizades que podemos encontrar dentro da Casa Espírita. Na juventude espírita, encontrei uma nova família, que cresce a cada dia, me trazendo felicidade, conhecimento e força para enfrentar as vicissitudes da vida.

AMANDA, 18 ANOS

A natureza, beleza e relevância da tarefa convidam-nos à busca permanente de sua qualidade. Considerando a evangelização espírita da criança e do jovem como elevada semeadura, compete-nos o exercício contínuo para que os campos se ampliem com segurança e qualidade, proporcionando espaços de real aprendizado e vivência cristã. A confiança na colheita dependerá, sobremaneira, da qualidade da semeadura, manifestada em diferentes expressões: a qualidade doutrinária, capaz de assegurar a fidedignidade dos postulados espíritas; a qualidade relacional, condição fundamental para constituição de um ambiente harmônico e de um trabalho fraternal em equipe; a qualidade pedagógica, expressa na rica e correta utilização de processos e recursos didático-pedagógicos adequados ao público com o qual se vai trabalhar; e a qualidade organizacional, que diz respeito à infraestrutura, aos recursos humanos e integração de todos os envolvidos para o efetivo alcance dos objetivos da evangelização.

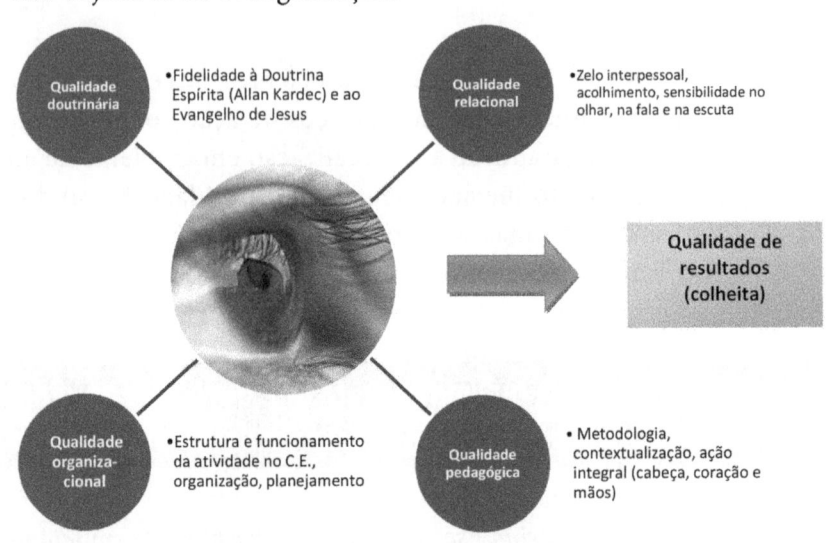

- **Qualidade doutrinária**: Fidelidade à Doutrina Espírita (Allan Kardec) e ao Evangelho de Jesus
- **Qualidade relacional**: Zelo interpessoal, acolhimento, sensibilidade no olhar, na fala e na escuta
- **Qualidade organizacional**: Estrutura e funcionamento da atividade no C.E., organização, planejamento
- **Qualidade pedagógica**: Metodologia, contextualização, ação integral (cabeça, coração e mãos)

→ **Qualidade de resultados (colheita)**

Essas qualidades, demonstradas no gráfico acima, convidam-nos ao investimento simultâneo e permanente, de modo a contemplar a tarefa em sua integralidade, e têm como objetivo e consequência a qualidade de resultados, ou seja, a colheita satisfatória expressa pela real aproximação da mensagem espírita aos jovens, proporcionando-lhes o exercício da fé raciocinada, a vivência do amor e a ação no bem.

a) Qualidade doutrinária

> *Espíritas! amai-vos, este o primeiro ensinamento; instruí-vos, este o segundo. No Cristianismo encontram-se todas as verdades; são de origem humana os erros que nele se enraizaram. Eis que do Além-Túmulo, que julgáveis o nada, vozes vos clamam: "Irmãos! nada perece. Jesus Cristo é o vencedor do mal, sede os vencedores da impiedade."*
> O Espírito de Verdade
> (KARDEC, 2004, cap. VI, it.5)

"Conhecereis a Verdade e ela vos libertará" (João, 8:32), disse-nos Jesus, exortando-nos à busca de um caminho que auxilie a superar a ignorância, o erro, o fanatismo. Tal preocupação deve guiar nossa ação educativa com os jovens.

Por meio de uma linguagem adequada e de recursos didáticos enriquecedores e capazes de atingir o nível de aprendizagem da turma, o evangelizador/coordenador de juventude poderá zelar pela garantia da qualidade doutrinária dos conteúdos com os quais trabalha.

Convidando-nos ao zelo doutrinário e à formação permanente, Guillon Ribeiro (1963) alerta: "Mas para um desempenho mais edificante, que procurem estudar e estudar, forjando sempre luzes às próprias convicções" (DUSI, 2015).

A precisão da diretriz doutrinária a ser preservada nas ações evangelizadoras é, ainda, sintetizada por Bezerra de Menezes (1982): "Com Jesus nos empreendimentos do amor e com Kardec na força da verdade, teremos toda orientação aos nossos passos, todo equilíbrio à nossa conduta" (DUSI, 2015).

Jesus e Kardec, como filtros e diretrizes, assegurarão a qualidade doutrinária na condução do processo formativo dos jovens que conosco convivem.

b) Qualidade relacional

A qualidade relacional na prática da evangelização refere-se à garantia da construção de vínculos pautados na vivência da fraternidade legítima e no zelo aos processos interativos e comunicativos vivenciados na Instituição Espírita.

As ações de bem acolher, esclarecer, consolar e orientar os que chegam ao Centro Espírita, que fundamentam e perpassam todas as atividades da Instituição, convidam-nos à atenção ao fortalecimento dos laços fraternos entre todos, abrangendo as relações evangelizador–evangelizando, família–instituição espírita, colaborador–frequentador, colaborador–colaborador, dentre outros, construindo um processo relacional efetivo.

b.1) Vínculo fraterno

> *Ela [Doutrina Espírita] me proporcionou apoio e segurança quando estive com medo, me apresentou um lar e uma grande família e fez com que meus laços familiares fossem estreitados.*
> REBECCA, 21 ANOS

> *Para a tarefa de retificar ou reconduzir almas, é indispensável que o trabalhador fiel ao bem inicie o esforço, indo ao encontro dos corações pelos laços da fraternidade legítima.*
> EMMANUEL (XAVIER, 2010b)

A construção do vínculo do jovem com o Espiritismo e com a Instituição Espírita pode se dar por vários elos de conquista: o sentimento de acolhimento e de pertencimento à instituição, o bem-estar com seus pares, a confiança no evangelizador/coordenador de juventude, a crença na Doutrina Espírita, dentre outros. Sob tal perspectiva, as ações de *acolher, consolar, esclarecer* e *orientar*, bem conduzidas e pautadas na vivência da "fraternidade legítima", conforme nos alerta Emmanuel, possibilitam a construção de laços de confiança e afeto com pessoas, com a mensagem espírita e com a própria Instituição, proporcionando o conforto de percebê-la como espaço familiar de confraternização e aprendizado.

O Evangelho é, indubitavelmente, princípio e finalidade da ação evangelizadora; destacamos, contudo, que a mensagem de Jesus é igualmente meio, é método que garantirá o alcance dos objetivos da tarefa. Conforme afirma Joanna de Ângelis:

> Nesse sentido, o Evangelho é, quiçá, dos mais respeitáveis repositórios metodológicos de educação e da maior expressão de filosofia educacional. Não se limitando os seus ensinos a um breve período da vida e sim prevendo-lhe a totalidade, propõe uma dieta comportamental

sem os pieguismos nem os rigores exagerados que defluem do próprio conteúdo do ensino (FRANCO, 1994b).

Assim, a construção de vínculo de fraternidade implica, invariavelmente, a vivência do Evangelho de Jesus, manifestado nas relações interpessoais estabelecidas no Centro Espírita, na família e no contexto social.

b.2) Processos interativos e comunicativos

> *A Doutrina Espírita é o que norteia a minha vida. Com ela encontro explicação para o que acontece comigo e com as situações que passo, encontro o consolo de que preciso e também o ânimo e as chamadas de atenção quando preciso. A Doutrina Espírita me faz uma pessoa melhor, de forma que eu me esforço mais pra fazer da melhor forma possível tudo que faço e principalmente me esforçar para melhorar os meus relacionamentos. Além disso, a Doutrina Espírita me trouxe os meus melhores amigos [...]*
> ANA CAROLINA, 20 ANOS

As ações junto à juventude nos convidam ao exercício da sensibilidade, da empatia e do respeito à singularidade. A integração do jovem consigo mesmo, com o próximo e com Deus, em conformidade com os ensinamentos de Jesus e com os objetivos da evangelização espírita, representa rico aprendizado e condição essencial para seu processo de autoaperfeiçoamento.

A construção das interações, por sua vez, se dá por inúmeros processos comunicativos, estabelecidos na dinâmica do dia a dia e no convívio do jovem com seus pares, com os evangelizadores, coordenadores de juventude, dirigentes das Instituições, dentre outros participantes do seu contexto familiar e social, além de fortalecer vínculos com a Instituição e com o Movimento Espírita.

No que tange à atuação dos evangelizadores e coordenadores de juventude, a interação deve primar por uma especial atenção à linguagem e às formas de comunicação, buscando potencializar os espaços de acolhimento e integração do jovem no Centro Espírita e exercitar a sensibilidade no olhar, na fala e na escuta, conforme gráfico a seguir:

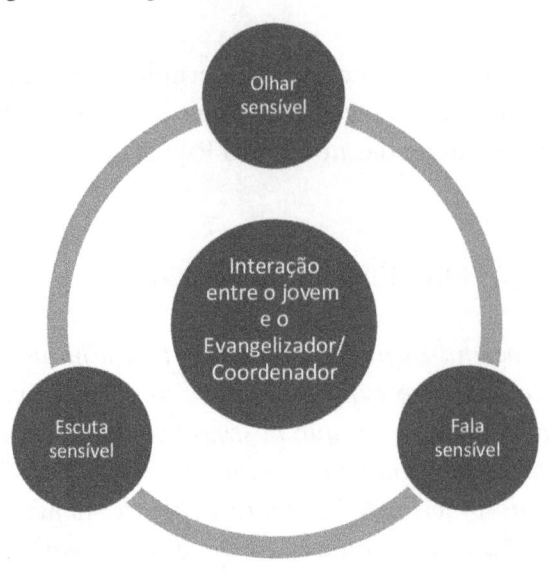

- Olhar sensível
- Interação entre o jovem e o Evangelizador/Coordenador
- Escuta sensível
- Fala sensível

O exercício do olhar sensível

> *Como é que vedes um argueiro no olho do vosso irmão, quando não vedes uma trave no vosso olho?*
> JESUS (*Mateus*, 7:3 a 5)

> *Senhor Jesus! [...] Faze-nos observar, por misericórdia, que Deus não nos cria pelo sistema de produção em massa e que por isso mesmo cada qual de nós enxerga a vida e os processos de evolução de maneira diferente.*
> EMMANUEL (*Reformador*, FEV. 1973)

O olhar sensível ao jovem implica considerá-lo em sua integralidade, respeitando-o em sua singularidade. Reconhecer tais aspectos favorece a organização de ações que possam potencializar o desenvolvimento do jovem, considerando-se, conforme nos apresenta Joanna de Ângelis, que "a educação para a Nova Era deve estruturar-se, sem dúvida, no conceito de realização integral, abrangendo os valores culturais, sociais, econômicos, morais e espirituais do ser humano" (FRANCO, 2012).

O exercício da fala sensível

Lembre-se de que o mal não merece comentário em tempo algum.
André Luiz (XAVIER, 2005)

[...] a boca fala do que está cheio o coração.
Jesus (*Lucas*, 6:43 a 45)

Guarde cuidado no modo de exprimir-se; em várias ocasiões, as maneiras dizem mais que as palavras.
André Luiz (XAVIER, 2005)

A fala representa meio privilegiado de comunicação, e a eficácia da compreensão da mensagem está associada à clareza de expressão, à adequação da linguagem e à coerência de ideias do expositor. Nesse processo, o que falar, como, quando e onde podem exercer grande influência na construção dos vínculos de confiança e fraternidade que subjazem às relações interpessoais construídas.

O exercício da escuta sensível

Ouça quem tem ouvidos de ouvir.
Mateus, 9:1-9

O desenvolvimento da escuta recíproca entre jovens e evangelizadores/coordenadores de juventude representa ação primordial da tarefa. Ouvir o próximo, mostrando-se receptivo a conversas, dúvidas, reflexões, compartilhamentos e aprendizagens proporciona o conhecimento de suas ideias e posicionamentos diante da vida, favorecendo o diálogo.

b.3) A evangelização como ação inclusiva

O Espiritismo me traz respostas para certas dúvidas, me deixa mais leve, me faz ser uma pessoa melhor e me faz acreditar que não estamos aqui por acaso, que todos nós temos uma missão, que somos importantes e que ninguém é melhor do que ninguém, somos todos irmãos. Além de tudo isso, eu aprendi e ainda aprendo todos os dias a conviver com as diferenças e aceitar todas as pessoas do jeito que elas são. O Espiritismo me trouxe também muitos amigos e me criou muitos laços afetivos e tenho plena certeza de que tudo isso é muito importante, na minha visão de jovem espírita.

S‍UELLEN, 15 ANOS

O Plano de Trabalho para o Movimento Espírita Brasileiro 2013–2017 (FEB/CFN, 2012) destaca como sua primeira diretriz a difusão da Doutrina Espírita, cujo objetivo é: "Difundir a Doutrina Espírita, pelo seu estudo, divulgação e prática, colocando-a ao alcance e a serviço de todas as pessoas, indistintamente, independentemente de sua condição social, cultural, econômica ou faixa etária". Claramente, manifesta-se a perspectiva inclusiva como princípio de toda e qualquer ação do Movimento Espírita, consonante com os postulados espíritas.

Nesse contexto, destacamos que a evangelização pressupõe, em sua essência, a dimensão de incluir, envolver e inserir como ações que traduzem a perspectiva de garantia da igualdade de oportunidades e do reconhecimento da singularidade de cada ser humano, ainda mais marcante quando nos remetemos à realidade do ser espiritual.

Afirmamos o necessário investimento pela garantia de condições, indispensáveis para o amadurecimento das relações intra e interpessoais por meio da construção de processos vivenciais de aprendizagem que envolvam, dentre outros, o exercício da tolerância, da paciência, da fraternidade e da alteridade. O desafio do enfrentamento às fragilidades humanas na busca de superar a ignorância, a injustiça e todo e qualquer tipo de preconceito é inerente ao processo de autoaperfeiçoamento e de construção coletiva da vida social.

Historicamente, as instituições educacionais oficiais que atuam sob uma perspectiva inclusiva concebiam o processo de inclusão relacionado, especificamente, aos jovens com necessidades educacionais especiais, buscando auxiliá-los não apenas a lidar com as limitações e dificuldades, mas, principalmente, a superar os naturais desafios e a desenvolver novas habilidades de interação social e de aprendizagem. Atualmente, avançou-se nesse conceito, e a referência de inclusão já abrange o acolhimento a toda e qualquer condição humana manifesta, considerando a perspectiva do respeito à diversidade, que reconhece e prima pelos direitos humanos.

Mediante as especificidades inerentes ao desenvolvimento humano, considera-se oportuna, todavia, a abordagem mais direta de alguns aspectos relacionados ao atendimento ao jovem com necessidades educativas especiais.

Bem sabemos que, sob a ótica espírita, somos Espíritos singulares e, nesse contexto, as necessidades e limitações físicas e/ou mentais dos Espíritos reencarnantes representam verdadeiras ferramentas de autoaperfeiçoamento, convidando-os à harmonização com as leis naturais que regem a vida, considerando-se que são herdeiros de uma trajetória pretérita. Zelosos benfeitores espirituais cuidam para que sua experiência terrena resulte em benefícios de aprendizagem não apenas no campo do conhecimento (desenvolvimento cognitivo), mas especialmente no campo das emoções (desenvolvimento emocional), amadurecendo e fortalecendo sentimentos necessários ao seu processo evolutivo.

Nesse sentido, a evangelização espírita infantojuvenil, por objetivar o estudo, a difusão e a prática da Doutrina Espírita junto à criança e ao jovem, apresenta-se como momento especial de aprendizagem e propício à abordagem e à vivência de ensinamentos que, certamente, auxiliarão os evangelizandos na sua jornada reencarnatória. Nesse contexto, garantir a acessibilidade não apenas arquitetônica, mas por meio da adaptação de recursos comunicacionais, constitui relevante ação que favorecerá o alcance de tais objetivos, beneficiando e fortalecendo os participantes da ação evangelizadora.

É importante considerar que *toda a ação evangelizadora encontra ressonância no coração infantojuvenil*, mesmo que o retorno não seja expressamente manifesto de modo verbal. A capacidade de apreensão da mensagem existe em todas as almas reencarnantes, variando-se apenas a sensibilidade dos diferentes sentidos.

A visão inclusiva pode abranger, ainda, a ação evangelizadora com os jovens que se encontram hospitalizados, ou mesmo os que se encontram em situação de restrição de liberdade (aprisionamento), devendo-se, nesses casos, haver adequada preparação dos evangelizadores/coordenadores para o desenvolvimento das ações.

Reitera-se, nesse sentido, independentemente das especificidades, a adequada e contínua formação dos evangelizadores para que possam auxiliar os jovens em suas necessidades singulares, mantendo-se fiéis aos objetivos evangelizadores. A busca de estratégias pedagógicas para tal fim mostra-se válida e necessária, visando à contínua qualidade dos métodos, dos recursos didáticos, das interações e dos meios de comunicação.

Cientes de que "Deus não nos cria pelo sistema de produção em massa" (EMMANUEL – *Reformador*, fev. 1973), a evangelização espírita infantojuvenil assume um caráter eminentemente inclusivo, no sentido de buscar acolher e oferecer aos evangelizandos todo o apoio necessário ao seu processo de aperfeiçoamento, considerando suas singularidades.

O exercício da empatia, da criatividade, do planejamento e da sensibilidade nas ações de ver, ouvir e falar mostra-se como convite permanente aos evangelizadores/coordenadores que, igualmente, encontram-se em processo de aperfeiçoamento.

c) Qualidade pedagógica

As ações junto à juventude espírita nos convidam a significativas reflexões metodológicas com vistas à sua efetividade. Nesse contexto, a concepção de jovem como Espírito imortal, herdeiro de si mesmo e agente de transformação social amplia, sobremaneira, as formas de condução e mediação dos estudos e das demais atividades desenvolvidas, incentivando-o à participação ativa, à reflexão e à ação.

Vianna de Carvalho (2007), abordando a função educativa do Espiritismo, afirma:

> O Espiritismo é, essencialmente, uma doutrina de educação. Não foi por outra razão que a Divindade preparou adequadamente o Prof. Rivail, sob a sabedoria de Pestalozzi, para que, mais tarde, soubesse encaminhar a Codificação ao seu superior destino na construção da sociedade feliz, utilizando-se dos avançados métodos pedagógicos então vigentes (DUSI, 2015).

Visando organizar as reflexões, apresentamos a seguir, de forma sintética, alguns aspectos relevantes na construção de uma abordagem metodológica que favoreça uma aprendizagem significativa para os jovens e que garanta a qualidade da tarefa.

c.1) Contextualização e reflexão crítica

> *A Doutrina Espírita é importante para o meu aprimoramento moral e intelectual, para que eu possa conhecer a verdade sobre a minha vida e sobre o mundo. Com o estudo da Doutrina, é possível percebê-la em fatos da vida cotidiana e refletir sobre eles de uma melhor forma.*
> RAFAELA, 18 ANOS

Entende-se por contextualização da aprendizagem a organização temática e metodológica que favorece ao indivíduo associar os novos conhecimentos à sua realidade vivida. No âmbito da evangelização espírita, a relação entre o conteúdo doutrinário e o contexto vivenciado pelo jovem merece especial atenção, visto que o desejo de conhecer e estudar a Doutrina Espírita somente se efetiva quando encontra sentido e conexão com suas experiências e emoções. Do contrário, os conteúdos doutrinários representarão apenas informações somadas ao seu repertório intelectual, porém sem aplicabilidade ou sentido de transformação pessoal e social.

Nessa perspectiva, o caminho mostra-se bidirecional, favorecendo aos jovens, evangelizadores e coordenadores de juventude caminharem dos temas cotidianos à fundamentação doutrinária ou, no caminho inverso, partirem dos princípios doutrinários aos contextos da vida jovem. O caminho é o mesmo, alternando-se apenas os sentidos, a direção da condução, primando-se pela adequada fundamentação e contextualização dos temas abordados, conforme gráfico a seguir:

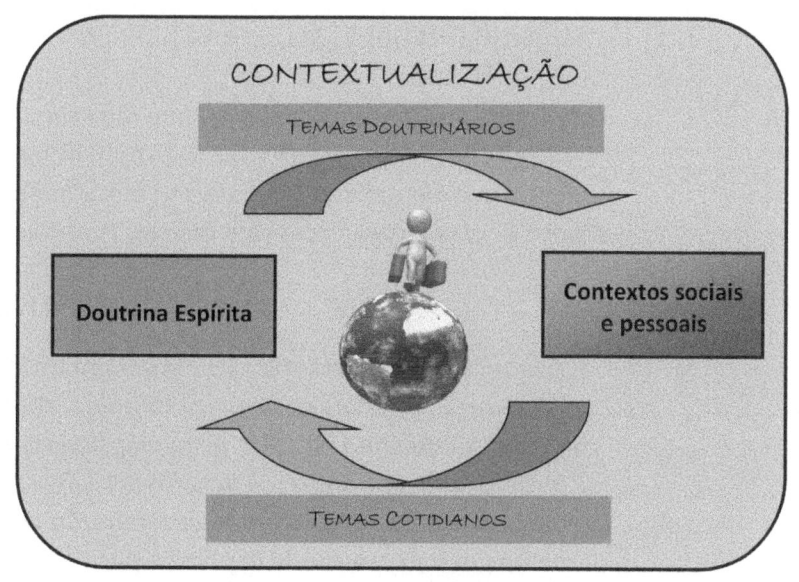

A contextualização, por enfocar a realidade vivenciada pelos jovens, oportuniza ainda a reflexão crítica dos conteúdos trabalhados. Essa reflexão possibilita, além de um nível mais profundo de conhecimento dessa mesma realidade, a autocrítica e um compromisso de ação. O exercício da reflexão crítica estimula o jovem a encontrar caminhos para a reelaboração pessoal daqueles conteúdos, o que implica compromisso de agir melhor na realidade. Essa ação transformadora se dá tanto no plano individual (internalização de valores, por exemplo) quanto no coletivo (pela renovação de atitudes, por exemplo), o que significa a superação do simples domínio de conceitos e palavras.

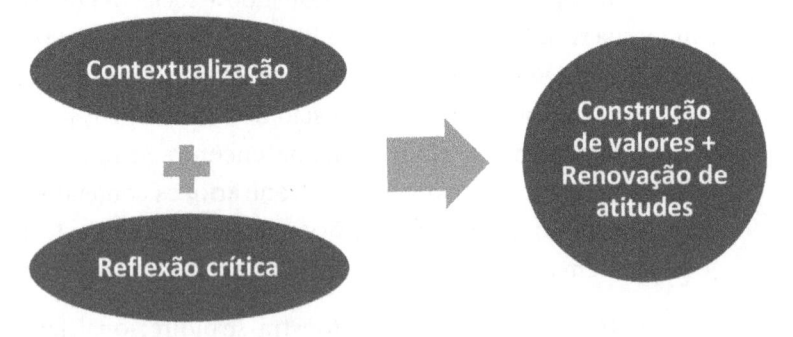

Contextualização + Reflexão crítica → Construção de valores + Renovação de atitudes

Sob tal perspectiva, a contextualização e a reflexão crítica mostram-se essenciais à fundamentação da razão sobre a qual a fé será construída, possibilitando o efetivo exercício da *fé raciocinada*, bem como ao posicionamento seguro diante da vida, por meio de atitudes coerentes com suas crenças e valores.

c.2) Dinamismo metodológico e tecnológico

> *Pra mim, a Doutrina Espírita é muito importante. É nela que encontro respostas, segurança e dedicação de que preciso pra enfrentar o dia a dia. Além disso, ir à mocidade pra aprender sobre a doutrina com jovens com mesmos pensamentos e ideias é algo muito bom!*
> LÍVIA, 18 ANOS

> *O apoio dos novos métodos de ensino, na dinâmica pedagógica dos tempos atuais, ensejará ajuda, estímulo e segurança ao Movimento Espírita de Evangelização de crianças e jovens, onde professores, educadores e leigos, de corações entrelaçados no objetivo comum, continuarão a recolher dos Planos Acima a inspiração precisa para conduzirem com*

> *acerto, maestria e objetividade a nobilitante tarefa que lhes foi confiada em nome do Amor.*
> Bezerra de Menezes (DUSI, 2015)

A dinamização dos grupos de juventude/mocidade espírita mostra-se fundamental à condução dos estudos da Doutrina Espírita com os jovens. A organização de espaços interativos, dinâmicos, vivenciais, lúdicos e afetivos, bem como a promoção de oportunidades de trabalho no bem, tende a favorecer o bem-estar do jovem no Centro Espírita e o sentimento de utilidade e pertencimento à Instituição e ao grupo.

Sob a perspectiva da fé raciocinada, os encontros de estudo devem estimular a cooperação e a criticidade, instigando perguntas mais do que oferecendo respostas, de modo a proporcionar ao jovem a oportunidade de reflexão sobre novos conhecimentos que, gradativamente, vão ganhando sentido e elucidando questões que fortalecem as crenças e inspiram mudanças nas ações.

As potencialidades demonstradas pelo jovem em raciocínios lógicos e simultâneos, em certa pressa em relação à vida, denotam anseios e interesses que precisam ser considerados nas propostas pedagógicas, de modo simples e prático, para vinculá-lo ao Espiritismo e às suas atividades.

Nesse mister, o uso de dinâmicas, técnicas de ensino e recursos didáticos e tecnológicos, bem orientado por objetivos claros e coerentes com a proposta educativa do Espiritismo, apresenta-se como estratégia favorável à abordagem de diferentes assuntos e à construção de aprendizagens com significado e sentido para a vida do jovem. Somam-se a tais estratégias as oportunidades de trabalho e vivência nas atividades da Instituição, que favorecem o exercício da responsabilidade compartilhada, da organização, da colaboração e do compromisso com a causa espírita.

O uso de tecnologias *para* e *pelo* jovem merece especial destaque e será discutido no item relativo aos espaços de comunicação social, no presente documento.

c.3) A arte na evangelização espírita

> *[...] [A Doutrina Espírita] me faz compreender o quão pequenos somos e por isso devemos trabalhar para evoluir. [...] Outra questão é que muitas das minhas amizades estão dentro*

do Centro Espírita. E acredito muito na inserção do jovem na Doutrina através da arte, que foi o que me ajudou a fortalecer os laços com a Doutrina e hoje eu uso para atrair os jovens! E funciona.

PEDRO HENRIQUE, 21 ANOS

"A arte deve ser o Belo criando o Bom". Essa assertiva de André Luiz (VIEIRA, 2006) nos remete à dimensão estética que ganha sentido ético. A arte é um convite à sensibilidade manifesta pelo potencial criativo que, quando associado à ética, nos coloca em conexão mais próxima com o Criador.

Léon Denis (1990), no livro *Espiritismo na arte*, descreve que "o objetivo essencial da arte é a busca e a realização da beleza; é, ao mesmo tempo, a busca de Deus, uma vez que Deus é a fonte primeira e a realização perfeita da beleza física e moral".

Emmanuel (XAVIER, 2008a), por sua vez, destaca que "a arte pura é a mais elevada contemplação espiritual por parte das criaturas".

O Plano de Trabalho para o Movimento Espírita Brasileiro (FEB/CFN, 2012) prevê como uma das sugestões de atividades para a difusão da Doutrina Espírita a realização de amplo trabalho voltado "à promoção da Arte como uma manifestação cultural dos espíritas, que se propõem a aliar os princípios e os valores éticos e morais do Espiritismo às manifestações artísticas em geral, por meio da arte-educação, a serviço do bem e do belo".

Nesse sentido, podemos identificar consonância com os objetivos da ação evangelizadora e reconhecer a arte como poderoso instrumento de interlocução e diálogo intra e interpessoal, perpassando todos os espaços de ação jovem.

A energia e o potencial criativo são características da juventude. A arte proporciona experiências de linguagem e manifestação do pensamento e do sentimento por diferentes formas e expressões, quais sejam: dramáticas, corporais, musicais, literárias e plásticas, atendendo a diferentes aptidões juvenis.

Atividades como composição musical, canto coral, produção de roteiro e interpretação teatral, expressão corporal, artes plásticas, dança, fotografia, cinema, produção textual em diferentes gêneros, dentre outras manifestações artísticas, podem compor um conjunto de possibilidades para estudar e aprender temas doutrinários, exercitar a empatia e estabelecer conexões com a vida de forma lúdica e envolvente.

Nos grupos de juventude/mocidade, vê-se que a música assume relevante papel integrador e divulgador da mensagem espírita, favorecendo a reflexão e a participação ativa do jovem. Sobre tal expressão artística, o Espírito Rossini, em *Obras póstumas*, descreve:

> A música é essencialmente moralizadora, uma vez que traz a harmonia às almas e que a harmonia as eleva e engrandece. [...] A música exerce salutar influência sobre a alma e a alma que a concebe também exerce influência sobre a música. A alma virtuosa, que nutre a paixão do bem, do belo, do grandioso e que adquiriu harmonia, produzirá obras-primas capazes de penetrar as mais endurecidas almas e de comovê-las (KARDEC, 2005b).

Sob tal perspectiva, vê-se que a arte pode representar relevante meio de estudo, prática e difusão doutrinária, por abarcar, de forma harmônica, conteúdo e forma, promovendo o envolvimento cognitivo e emocional do jovem em sua produção, apresentação e fruição.

c.4) Incentivo à leitura

> *A Doutrina Espírita nos permite o contato lúcido com o Evangelho de Jesus para que possamos colocá-lo em prática no dia a dia com base nas obras kardequianas.*
> MATHEUS, 19 ANOS

> *[...] o livro é realmente uma dádiva de Deus à humanidade para que os grandes instrutores possam clarear o nosso caminho, conversando conosco, acima dos séculos e das civilizações. É pelo livro que recebemos o ensinamento e a orientação, o reajuste mental e a renovação interior.*
> MEIMEI (XAVIER, 1986)

Muito além de permitir o acesso ao mundo das letras, as informações e experiências contidas nas obras literárias de qualidade elevada convidam o leitor a registrar ideias, desafios e proposições que, uma vez compartilhadas e sentidas, são capazes de operar transformações no mundo íntimo com repercussões na experiência social.

O acesso ao livro e à leitura é imprescindível a todo processo educativo qualificado. A formação de leitores é um investimento inalienável que contribui e estimula uma competência essencial à aprendizagem: conhecer o mundo e as possibilidades por meio da palavra registrada em suas mais diversas nuances. Portanto, considera-se como válida e necessária toda e qualquer atividade que estimule o acesso à informação e o gosto pela leitura, independentemente da forma como se vivencie: individual, silenciosa, circular, em grupo, além de se considerar a riqueza do contato com a variedade de gêneros textuais e todo tipo de material impresso — livros, jornais, revistas romances, contos, ensaios, memórias disponíveis que contribuam com a formação de jovens leitores.

As ações devem, assim, promover o desenvolvimento de habilidades de leitura para que o jovem seja capaz de integrar-se ao mundo em que vive, usufruindo saberes e construindo conhecimentos essenciais que qualifiquem sua forma de viver, ser e estar no mundo. A perspectiva crítica e investigativa tão necessária para estar diante dos desafios cotidianos pode ser exercitada por meio da leitura mediada, buscando compreender, comparar, analisar, estabelecer relações, refletir sobre um universo de possibilidades e realizar escolhas.

Peralva (2007), ao afirmar que "o livro é sempre o grande e maravilhoso amigo da humanidade", nos convida a exercitar o processo de autoconhecimento revelado pelo contato com grandes lições. Nesse sentido, ter acesso ao Evangelho de Jesus à luz da Doutrina dos Espíritos, por meio das obras vigorosas da Codificação e da riqueza das obras subsidiárias, vitaliza-nos no processo educativo em que estamos imersos.

d) Qualidade organizacional

Diante da relevância da Doutrina Espírita e dos objetivos do Movimento Espírita, das Instituições Espíritas e da tarefa de evangelização, identifica-se a necessidade de adequada organização para que se possa, de modo efetivo, contribuir para a formação de pessoas de bem e para a regeneração da humanidade.

A qualidade organizacional refere-se à organização e à integração da tarefa de evangelização espírita ao conjunto de atividades desenvolvidas no Centro Espírita, abrangendo desde a estrutura operacional das ações — espaços físicos, horários, recursos humanos e materiais — até a estrutura didático-doutrinária — planejamento, acompanhamento e avaliação de ações, encontros, projetos e eventos —, buscando primar pela harmonia, segurança e integração de todos os envolvidos.

A organização e o funcionamento de espaços para juventude/mocidade nos Centros Espíritas devem considerar, como ponto de partida, as especificidades, potencialidades, necessidades e culturas locais, evidenciando a flexibilização e a adequação da tarefa, de forma a garantir sua dinamização e qualidade crescentes. Para a realização e o alcance dos objetivos da tarefa, faz-se necessário o engajamento e o comprometimento coletivo de todos da Instituição, de forma participativa, solidária e integrada, incluindo jovens, evangelizadores/ coordenadores e dirigentes.

Considera-se, nessa perspectiva, a importância da participação e integração dos jovens no processo de planejamento das ações, por meio da proposição de atividades e temas de interesse, bem como na organização e avaliação conjunta de encontros e eventos, dentre outras ações inerentes à tarefa, proporcionando a união e o aprimoramento de talentos em prol da sua realização.

Considerações gerais sobre faixa etária, agrupamentos, reflexões metodológicas e núcleos temáticos são apresentados a seguir, convidando a equipe de evangelizadores, coordenadores de juventude e dirigentes a uma análise das demandas e contextos da Instituição Espírita, de modo que a estruturação da tarefa atenda aos objetivos propostos de forma integrada às demais atividades oferecidas pelo Centro Espírita.

d.1) Faixa etária

As atividades voltadas para a juventude contemplam a faixa etária a partir de 12 anos, flexibilizando-se seu início e término de acordo com as possibilidades de estudo e trabalho oferecidas pelos Centros Espíritas.

Nesse sentido, estimula-se que o jovem participe, prioritariamente, dos espaços de estudo preparados e oferecidos especialmente à juventude, oportunizando momentos de aprendizado e confraternização com seus pares. Para tanto, a organização dos dias e horários dos encontros de juventude/mocidade nos Centros Espíritas deve ser pensada de modo a bem atender às possibilidades e necessidades dos jovens, favorecendo a sua efetiva participação. Reconhecendo as especificidades locais e os esforços do Movimento Espírita por bem atender o jovem no Centro

Espírita, e considerando as situações em que a Instituição não disponha de um grupo estruturado de juventude/mocidade, deve-se assegurar o acesso do jovem aos demais grupos de estudo oferecidos na Casa como forma de garantir-lhe o adequado acolhimento.

De igual modo, o jovem poderá ser estimulado a integrar-se e engajar-se como colaborador voluntário nas diversas atividades desenvolvidas no Centro Espírita, que deverá oferecer-lhe a adequada orientação e oportunas formações que o auxiliem na sua preparação para a tarefa. Tais atividades podem contemplar os diferentes setores da organização da Instituição, incluindo a tarefa de evangelização da infância e da própria juventude, por meio de sua efetiva participação e integração nos grupos de apoio à sua realização.

d.2) Agrupamentos

A organização dos grupos de juventude/mocidade nas Instituições Espíritas varia de acordo com as possibilidades físicas e humanas da Instituição. Os agrupamentos etários (ciclos de juventude) são considerados válidos, visto que a proximidade da idade favorece maior vinculação entre os pares e uma organização metodológica e comunicativa adequada aos diferentes interesses que permeiam a vida jovem.

Nessa perspectiva, sugerem-se agrupamentos no âmbito da juventude/mocidade de acordo com a realidade e as possibilidades do Centro Espírita, garantindo-se a abordagem dos temas e a organização de planejamentos que contemplem as especificidades das experiências vivenciadas pelos jovens, suas áreas de interesse, dentre outras características do grupo.

Como exemplo, o Centro Espírita pode organizar seus grupos de juventude/mocidade, considerando as seguintes possibilidades de agrupamentos:

» 4 (quatro) grupos/ciclos de juventude/mocidade, sendo: 1º ciclo (12 e 13 anos), 2º ciclo (14 e 15 anos), 3º ciclo (16, 17 e 18 anos), 4º ciclo (19, 20 e 21 anos);

» 3 (três) grupos/ciclos de juventude/mocidade, sendo: 1º ciclo (12, 13 e 14 anos), 2º ciclo (15, 16 e 17 anos) e 3º ciclos (18, 19, 20 e 21 anos);

» 2 (dois) grupos/ciclos de juventude/mocidade, sendo: 1º ciclo (12 a 16 anos), 2º ciclo (17 a 21 anos);

» 1 (um) grupo/ciclo de juventude/mocidade, contemplando todas as faixas etárias, quando a Instituição optar por tal estratégia metodológica ou não dispuser de recursos físicos ou humanos para um desmembramento em mais grupos.

Nesse sentido, os grupos de juventude/mocidade nos Centros Espíritas podem apresentar diferentes configurações etárias, com faixas etárias mistas, a depender da quantidade de jovens participantes, de evangelizadores em atividade e dos espaços físicos disponíveis nas Instituições. Nesses casos, sugere-se especial atenção dos evangelizadores e coordenadores de juventude/mocidade no sentido de potencializar e dinamizar diálogos, debates e reflexões, considerando a organização temática e valorizando as individualidades do grupo.

Sugere-se que a configuração dos grupos seja permanentemente avaliada e reavaliada, especialmente em razão da realidade local, o que poderá possibilitar reconfigurações com vistas a melhor atender às necessidades. Para tanto, faz-se importante proceder às adaptações com bom senso e mediante a análise compartilhada e sensível aos anseios dos jovens e às suas características individuais e grupais.

Ressalta-se, ainda, que a diversidade das configurações etárias não deve prescindir do necessário planejamento e da adequada organização do estudo oferecido no Centro Espírita, devendo-se primar por sua qualidade doutrinária, pedagógica e relacional com os jovens participantes.

d.3) Estrutura organizacional

A Instituição Espírita é uma organização, um verdadeiro organismo vivo, por reconhecer que sua potência deriva dos indivíduos que dela participam e da real capacidade de atuar de forma articulada e sistêmica, direta ou indiretamente, com os trabalhadores de ambos os planos da vida.

A assertiva de Bezerra de Menezes[11] é magna ao nos propor que:

> Recordemos, na palavra de Jesus, que "a casa dividida rui", todavia ninguém pode arrebatar um feixe de varas que se agregam numa união de forças. Unificação, sim. União, também. Imprescindível

---
11 Mensagem psicofônica recebida pelo médium Divaldo P. Franco, na noite de 20 de abril de 1975, na sessão pública da Federação Espírita Brasileira, Seção Brasília, DF. Publicada na revista *Reformador,* fev. 1976.

que nos unifiquemos no ideal espírita, mas que, acima de tudo, nos unamos como irmãos.

A perspectiva sistêmica da organização é defendida por reconhecidos pesquisadores, como é o caso de Peter Senge (2008), que, em sua visão humanista, propõe o paradigma de organizações formadas por pessoas que expandem, continuamente, sua capacidade de criar os resultados que desejam, buscam permanentemente avançar em seus padrões de comportamento, sempre unidos por uma aspiração coletiva, num exercício contínuo de aprenderem juntas. Afirma que "as organizações só aprendem através de indivíduos que aprendem" e que "grandes equipes são organizações que aprendem, conjuntos de indivíduos que aprimoram, constantemente, sua capacidade de criar, e a verdadeira aprendizagem está intimamente relacionada com o que significa ser humano". Por fim, conclui que "o raciocínio sistêmico está sempre nos mostrando que o todo pode ser maior que a soma das partes".

Nesse sentido, tendo como referência os postulados doutrinários e as contribuições dos pesquisadores, consideramos que a estrutura organizacional de um setor/departamento/área objetiva a organização de meios para que se alcancem os fins propostos para determinada tarefa. Assim, a tarefa com os jovens nos Centros Espíritas, como ação vinculada à Área de Infância e Juventude, não pode prescindir de uma estrutura que favoreça seu funcionamento harmônico e integrado aos objetivos da Instituição.

Visto que "a especialidade da tarefa não se compraz com improvisações descabidas" (BEZERRA DE MENEZES – DUSI, 2015), o trabalho requer a caracterização dos aspectos que constituem a realidade local, incluindo o conhecimento do público, das condições materiais e humanas ao desenvolvimento da tarefa, bem como uma programação adequada e condizente com a realidade da Instituição, podendo-se incluir, nesse sentido, dentre outras ações:

» Estrutura dos setores/coordenações de apoio/núcleos e equipes de trabalho (organograma);

» Definição de datas e horários dos encontros semanais (cronograma);

» Definição de datas e horários dos eventos relacionados ao setor de juventude e aos demais setores dos Centros Espíritas, favorecendo a integração;

- » Definição de datas e horários dos encontros de preparação doutrinária e pedagógica (inicial e continuada) voltados para evangelizadores/coordenadores de juventude/mocidade e jovens colaboradores;
- » Programação temática dos encontros;
- » Planejamento e avaliação das atividades desenvolvidas;
- » Organização do espaço físico e logística para os encontros;
- » Organização de rede de comunicação periódica com os participantes (interna, voltada aos jovens e aos colaboradores do setor) e de divulgação e compartilhamento das ações (externa, voltada aos demais públicos e setores da Instituição);
- » Organização de momentos de confraternização, inclusive com a participação da família;
- » Registro das atividades desenvolvidas pelo setor/departamento/área, para fins de arquivo e memória;
- » Organização de registros e autorizações referentes aos jovens evangelizandos menores de idade;
- » Integração com as diferentes áreas e/ou setores da Instituição Espírita.

Uma organização adequada e integrada proporciona sincronia de ações, atua como real catalisadora dos "meios" e potencializadora dos "fins", favorecendo maior dinamismo e qualidade à tarefa.

Naturalmente, a estrutura organizacional dos Centros Espíritas e das ações evangelizadoras relativas à juventude/mocidade espírita pode variar da mais simples a mais complexa, devendo-se, contudo, garantir a oportunidade de espaços de real fraternidade e de organização e realização da tarefa, com vistas ao alcance dos seus objetivos.

Dessa forma, há Centros Espíritas que dispõem de um Departamento de Infância e Juventude, cujo setor de juventude é integrado por um coordenador, por uma equipe de evangelizadores e por núcleos de apoio, como música, secretaria, integração, material didático, assessoramento pedagógico-doutrinário, família, dentre outros que oferecem suporte à realização da tarefa. Há outros Centros que se estruturam com um coordenador e evangelizadores, e outros, ainda, com apenas um coordenador, dependendo das possibilidades de recursos humanos e físicos da Instituição.

Destaca-se, contudo, que a variação das estruturas não deve representar variação na qualidade da tarefa de evangelização nos Centros Espíritas, garantindo-se momentos de real estudo e vivência da Doutrina Espírita em um ambiente acolhedor e fraterno.

Para tanto, a sensibilização dos dirigentes quanto à relevância da ação evangelizadora junto ao jovem faz-se fundamental para a adequada compreensão da tarefa e apoio à sua realização, conforme nos aponta Francisco Thiesen (1996):

> Compreendendo que a tarefa da evangelização espírita-cristã é de primacial importância, o dirigente da Casa Espírita se sentirá envolvido com o labor nobilitante, dispondo-se a brindar toda a cooperação necessária ao êxito do mesmo, o que implica resultado positivo de sua administração, que não descuida dos tarefeiros do porvir [...] (DUSI, 2015).

d.4) A integração das diferentes áreas e atividades no Centro Espírita

> *[...] uma Instituição Espírita representa uma equipe de Jesus em ação e, como tal, deverá concretizar seus sublimes programas de iluminação das almas, dedicando-se com todo empenho à evangelização da infância e da mocidade.*
> BEZERRA DE MENEZES (DUSI, 2015)

"Equipe de Jesus em ação". Essa é a definição de Instituição Espírita dada por Bezerra de Menezes em mensagem datada de 1982 que aborda a relevância da tarefa de evangelização espírita infantojuvenil.

Sintética e completa, tal definição convida todos os trabalhadores espíritas a uma ação conjunta e integrada, fortalecida nos ensinos do Evangelho de Jesus e dinamizada pelo espírito de união que deve permear o estudo, a prática e a difusão da Doutrina Espírita.

O conjunto das nobres ações realizadas pelos Centros Espíritas encontra ressonância no coração de todos os que buscam o Espiritismo, desde a tenra idade, e abrange a sociedade em geral. Por sua vez, as áreas de atuação do Centro Espírita mobilizam-se em suas especificidades e são convidadas à ação integrada, visto que as interfaces não apenas evidenciam sua proximidade, mas também fortalecem a rede institucional para melhor acolher, consolar, esclarecer e orientar a todos os que buscam a Instituição.

Nesse sentido, a equipe de atendimento espiritual, por exemplo, realiza ação complementar à tarefa de evangelização ao oferecer o acolhimento, o passe, o diálogo fraterno aos que solicitam e a orientação para a realização do Evangelho no lar. A equipe mediúnica da Instituição pode colaborar, quando solicitado, no auxílio espiritual aos participantes da evangelização, enquanto o Estudo Sistematizado da Doutrina Espírita auxilia no acolhimento e na transição dos jovens aos demais grupos de estudo oferecidos. A Área de Infância e Juventude atua, em muitas situações, em parceria com a Área de Assistência e Promoção Social, especialmente na organização das atividades de evangelização junto às crianças e aos jovens que participam das ações assistenciais, a qual se apresenta, por vezes, como ponto de chegada das crianças e jovens à Instituição e campo de trabalho para o jovem colaborador. A Área de Comunicação Social, além de promover a divulgação, por suas diferentes mídias, das atividades realizadas na evangelização, serve, igualmente, como espaço de ação jovem, visto representar área de significativo domínio e interesse da juventude.

No que tange à evangelização da criança e do jovem, Bezerra de Menezes (1982) ressalta, ainda, a necessária mobilização e o empenho de todos — responsáveis pelas Instituições Espíritas, evangelizadores, jovens voluntários e demais colaboradores — para sua adequada realização, ao afirmar:

> Os responsáveis pelos Centros, Grupos, Casas ou Núcleos espiritistas devem mobilizar o maior empenho e incentivo, envidando todos os esforços para que a evangelização de crianças e jovens faça evidenciar os valores da fé e da moral nas gerações novas. É necessário que a vejam com simpatia como um trabalho integrado nos objetivos da Instituição e jamais como atividade à parte (DUSI, 2015).

Nesse sentido, o compartilhamento de informações e agendas, a construção conjunta de ações integradas e, especialmente, a reciprocidade de apoio e auxílio tendem a fortalecer a Instituição Espírita e a proporcionar o alinhamento e o crescimento do trabalho.

d.5) Planejamento, acompanhamento e avaliação

> *Ela [Doutrina Espírita] é para mim de suma importância. Através dela, minhas dúvidas são sanadas, meus medos deixam de existir e eu adquiro conhecimento para a eternidade.*
> BEATRIZ, 15 ANOS

> *[...] a especialidade da tarefa não se compraz com improvisações descabidas, [...] razão pela qual os servidores integrados na evangelização devem buscar, continuamente, a atualização de conteúdos e procedimentos didático-pedagógicos, visando a um melhor rendimento, em face da economia da vida na trajetória da existência, considerando-se que, de fato, os tempos são chegados...*
> BEZERRA DE MENEZES (DUSI, 2015)

Momentos de estudo e planejamento são essenciais para a qualidade da prática evangelizadora. Planejar constitui uma ação estratégica de programação e previsão de ações que podem ser desenvolvidas para o alcance de determinados objetivos. A eficiência de um planejamento nos espaços de estudo voltados para a juventude está diretamente relacionada à sua organização, que deve contemplar importantes elementos em sua construção. Nesse sentido, e a título de contribuição, o planejamento de qualquer ação para a juventude deve:

» Ser construído com foco no jovem, público-alvo da ação, valendo-se das potencialidades do evangelizador/coordenador de juventude, na condição de mediador;

» Considerar demandas, interesses, potencialidades, necessidades e talentos dos jovens que participam das atividades no Centro Espírita de forma a promover momentos ativos de estudo e trabalho no bem;

» Ser organizado com foco nos objetivos da ação (o que alcançar/elemento norteador da ação), de onde derivam as formas para alcançá-los (elemento estratégico e metodológico da ação);

» Considerar a realidade de recursos humanos e físicos para sua efetivação;

» Apresentar coerência entre os objetivos, conteúdos, metodologia e forma de avaliação das atividades;

» Conciliar e adequar os objetivos aos conteúdos; os métodos aos recursos; as atividades à gestão do tempo;

» Apresentar flexibilidade em sua realização, considerando possíveis variáveis que venham a interferir no processo.

Visando promover aos jovens momentos atrativos e alinhados aos objetivos da tarefa assumida de forma não improvisada, sugere-se que reuniões periódicas de planejamento entre evangelizadores/coordenadores de juventude sejam programadas nas Instituições Espíritas, oportunizando a adequada organização dos encontros e eventos futuros, bem como de avaliação das ações já realizadas.

Esses espaços de preparação, de periodicidade semanal, quinzenal ou mensal, representam momentos especiais de compartilhamento de experiências exitosas, desafios e dificuldades, propiciando a construção coletiva de ações e soluções, bem como o fortalecimento dos laços entre os trabalhadores, de modo a garantir a melhoria permanente do trabalho. Tais encontros podem contar com a participação de jovens colaboradores que, exercitando a liderança positiva, responsável e integrada à organização da juventude/mocidade, podem auxiliar e potencializar as ações junto aos seus pares.

Ações como visita a outros grupos de estudo no próprio Centro Espírita ou em outras instituições, além de promover a integração, tendem a favorecer o conhecimento de outras experiências e a criar oportunidades de ação colaborativa entre evangelizadores/coordenadores, fortalecendo e enriquecendo as práticas a serem planejadas.

No que tange ao planejamento dos encontros regulares de estudo com os jovens, alguns passos, a seguir apresentados, mostram-se importantes e podem auxiliar os evangelizadores e coordenadores de juventude na condução das ações evangelizadoras:

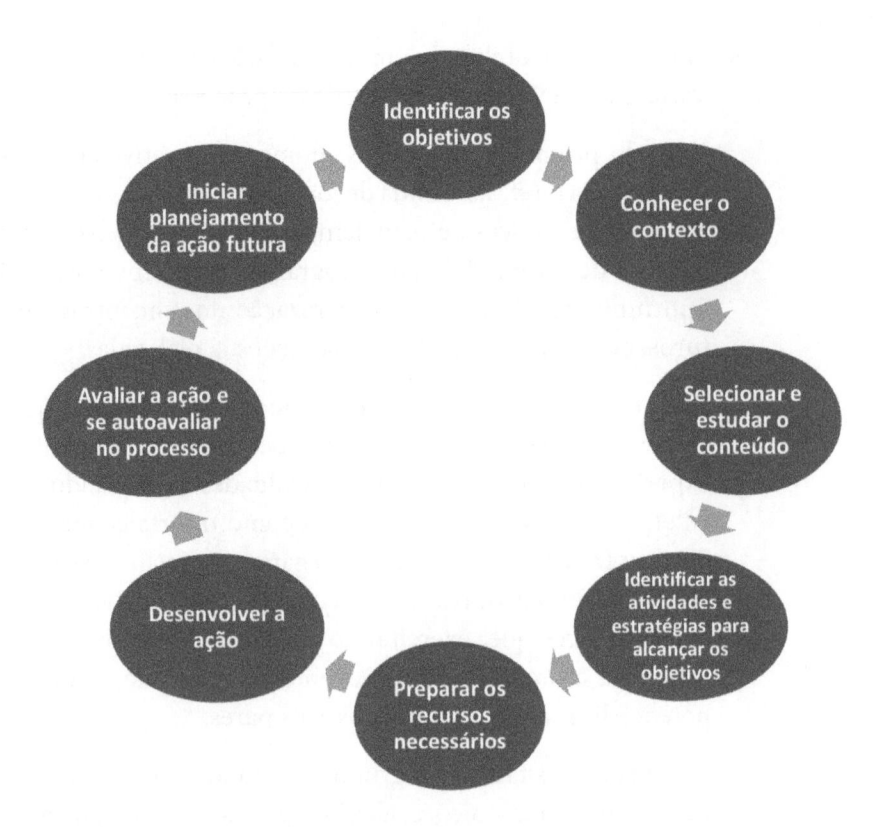

Ciclo do planejamento:
- Identificar os objetivos
- Conhecer o contexto
- Selecionar e estudar o conteúdo
- Identificar as atividades e estratégias para alcançar os objetivos
- Preparar os recursos necessários
- Desenvolver a ação
- Avaliar a ação e se autoavaliar no processo
- Iniciar planejamento da ação futura

Dentre os benefícios do planejamento, destacamos:

» Contribui para o alcance dos objetivos propostos;

» Permite tomar decisões refletidas e fundamentadas;

» Favorece um maior conhecimento dos participantes;

» Evita a repetição e a improvisação;

» Favorece a organização do tempo e do espaço;

» Garante maior eficiência e segurança na condução das mediações;

» Garante economia de tempo e energia.

Ressalta-se, conforme já abordado, que planejar implica considerar a flexibilidade de sua execução, sem que isso represente engessamento, tampouco rigidez metodológica, mas roteiro que favoreça segurança e encadeamento de ideias e ações de forma aberta e flexível às variáveis e aos contextos.

O processo avaliativo integra, sob tal ótica, o *continuum* das ações de planejamento, constituindo, ao mesmo tempo, finalização de uma ação executada e ponto de partida para as ações futuras. Destaca-se seu caráter diagnóstico e formativo por considerar o processo educativo contínuo, com vistas a reorientações permanentes, representando suporte ao planejamento e à execução das atividades. Nesse sentido, compreende-se que todos os integrantes da tarefa, sejam os jovens, evangelizadores, coordenadores, dirigentes ou familiares, beneficiam-se com os resultados avaliativos das ações desenvolvidas na Instituição Espírita, visto que redundarão no permanente aprimoramento das atividades oferecidas.

2.7 Espaços de ação jovem

> *Tornei-me espírita no início da adolescência (13 anos) e tenho certeza de que frequentar a juventude espírita foi decisivo para as escolhas que venho tomando desde então. Ser espírita me dá um ponto de vista diferente sobre vários aspectos da vida, o que me ajuda a tomar decisões importantes de maneira mais acertada. Além disso, é na Doutrina que tenho meus amigos, que realizo trabalho voluntário, enfim, que me completo enquanto ser humano.*
> ANA FLÁVIA, 20 ANOS

> *Nos últimos anos, parei de frequentar o Centro e, de certo modo, "larguei de mão" a Doutrina para ver se era alguma coisa na qual eu realmente acreditava ou se era algo com o qual eu estava acostumada por ter como verdade ensinada desde pequena. Por todas as vezes, ao voltar, percebi o quanto me fez falta. A Doutrina Espírita me guia, em especial em momentos de dúvida [...].*
> ALICE, 18 ANOS

Considerando sua essência educacional, "o Espiritismo dilata o pensamento e lhe rasga horizontes novos. [...] mostra que essa vida não passa de um elo no harmonioso e magnífico conjunto da obra do Criador" (KARDEC, 2004, cap. II, it. 7).

Ao favorecer a ampliação da consciência acerca da vida, a Doutrina Espírita encontra ressonância nos corações juvenis, auxiliando-os na busca de respostas que permeiam o mundo jovem.

Pesquisadores e estudiosos afirmam que a juventude apresenta múltiplas identidades, qualidades, significados e categorizações.

Dentro desse caleidoscópio formado pelos diversos modos de ser jovem, encontramos um fenômeno complexo [...], indo além do mundo da cultura, perpassando também o universo da religião, onde a juventude busca uma ligação com o sagrado refletindo em uma maneira singular de "ser jovem" na sociedade (FERNANDES, 2012).

Alguns pesquisadores indicam, ainda, existirem "evidências que sugerem que há, na adolescência, uma maior sensibilidade para o desenvolvimento espiritual, tendo a religião um importante papel na vida e no desenvolvimento do adolescente" (GOOD e WILLOUGHBY, 2008; MARKSTROM, 1999). Nesse sentido, os dados das referidas pesquisas diferem do que se reproduz no senso comum, alertando-nos para o fato de que os corações juvenis anseiam pelo despertar de sua dimensão espiritual.

Em pesquisa realizada por Novaes e Mello (2002), os jovens indicaram o que buscam em uma instituição religiosa: atender às necessidades individuais e emocionais; um espaço de encontro em que se espera poder contar com a solidariedade e compreensão de outras pessoas; e a sensação de estarem construindo algo coletivo e de serem responsáveis pela vida da própria comunidade. Por outro lado, revelam que as religiões pouco têm contribuído para a solução de problemas que afetam os jovens e que os mobilizem na busca de alternativas. Esses jovens informaram que dedicam horas do seu tempo livre à religião e não encontram nela espaços para refletir sobre suas próprias vidas.

Diante de tais evidências e demandas, reconhecemos que o conhecimento da Doutrina Espírita, o trabalho e o convívio na Instituição Espírita podem auxiliar os jovens em seu processo de busca do sentido da vida, uma vez que, como uma escola de formação espiritual e moral, "o Centro Espírita é local de trabalho onde o Homem se reestrutura, despojando-se do 'Homem Velho' e transformando-se no 'Homem Novo'" (FEB/CFN, 2007).

Nessa perspectiva, as Instituições Espíritas são convidadas a cumprir seu objetivo de:

> [...] promover o estudo, a difusão e a prática da Doutrina Espírita, atendendo às pessoas:
>
> - que buscam esclarecimento, orientação e amparo para seus problemas espirituais, morais e materiais;
> - que querem conhecer e estudar a Doutrina Espírita;

- que querem trabalhar, colaborar e servir em qualquer área de ação que a prática espírita oferece (FEB/CFN, 2007).

Bezerra de Menezes (1989)[12] convoca-nos a colaborar com esse importante processo, ao dizer:

> Espíritas que ouvistes a palavra da Revelação: a vós vos cabe levar por toda parte as notícias do reino de Deus, expandindo-as por todos os rincões da Terra. Não mais amanhã ou posteriormente. Agora tendes o compromisso de acender, na escuridão que domina o mundo, as estrelas luminíferas do Evangelho de Jesus.

Entendendo o papel do protagonismo juvenil e da ação educativa conduzida pelos trabalhadores que assumem a responsabilidade de orientar e acompanhar os percursos formativos dos jovens que frequentam a Instituição Espírita, cabe a sensata recomendação de Emmanuel:

> Quase sempre os que se dirigem à mocidade lhe atribuem tamanhos poderes que os jovens terminam em franca desorientação, enganados e distraídos. Costuma-se esperar deles a salvaguarda de tudo. Concordamos com as suas vastas possibilidades, mas não podemos esquecer que essa fase da existência terrestre é a que apresenta maior número de necessidades no capítulo da direção. O moço poderá e fará muito se o Espírito envelhecido na experiência não o desamparar no trabalho. Nada de novo conseguirá erigir, caso não se valha dos esforços que lhe precederam as atividades. [...] A mocidade poderá fazer muito, mas que siga, em tudo, "a justiça, a fé, o amor e a paz com os que, de coração puro, invocam o Senhor" (XAVIER, 2010c).

Evidencia-se, dessa forma, o necessário investimento na transição do jovem evangelizando à condição de trabalhador espírita, respeitando-se os passos naturais de capacitação, maturidade, comprometimento e inserção efetiva nas tarefas, compreendendo que o aproveitamento da capacidade do jovem faz-se fundamental para que sejam atendidas as nuances motivacionais inerentes ao seu desenvolvimento.

A riqueza de possibilidades de experiências para o jovem no Movimento Espírita é evidente e, sob análise propositiva, identificamos espaços que

---

12 Mensagem de Bezerra de Menezes, recebida psicofonicamente por Divaldo Franco, no encerramento do Congresso Internacional de Espiritismo, realizado em Brasília, em outubro de 1989.

possam promover e potencializar a ação jovem, quais sejam: espaços de estudo, de confraternização, de vivência e ação social, de comunicação social, de integração do jovem na Casa Espírita e no Movimento Espírita e convivência familiar, que serão apresentados a seguir.

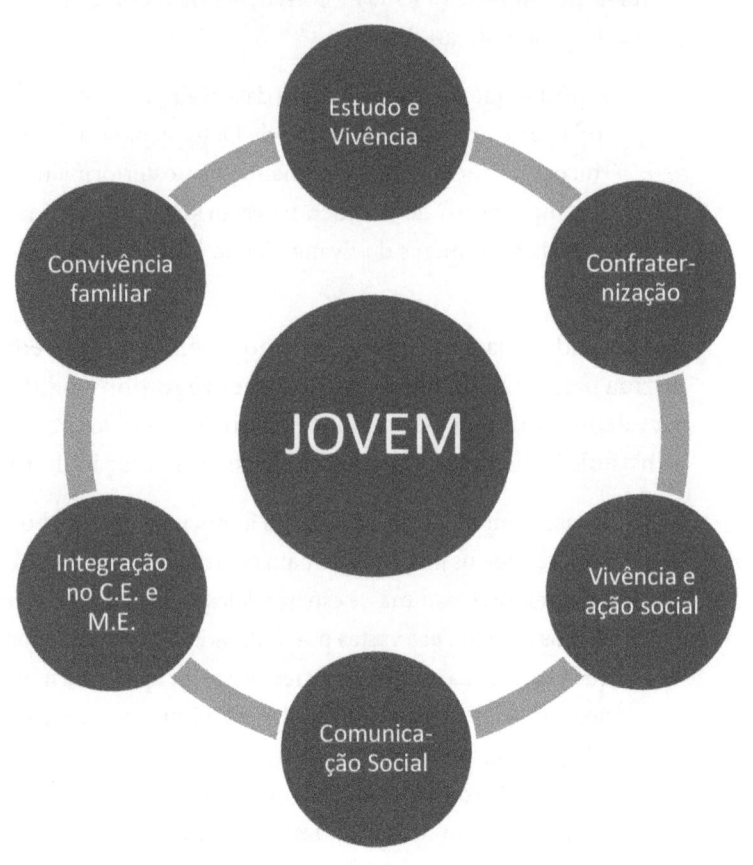

Diagrama com "JOVEM" ao centro, circundado por: Estudo e Vivência, Confraternização, Vivência e ação social, Comunicação Social, Integração no C.E. e M.E., Convivência familiar.

a) Espaços de estudo e vivência do Evangelho

> *A Doutrina Espírita é um guia na minha vida. É uma auxiliadora nos momentos difíceis e conturbados que me ajuda a entender o porquê das coisas, além de me mostrar a importância e a necessidade de buscar a evolução nesta encarnação. A Doutrina Espírita é uma incentivadora da prática de atitudes positivas na minha vida, sempre me fazendo pensar no bem, em fazer o bem e principalmente em amar o próximo. O Espiritismo é o único que responde às minhas dúvidas, que acalma os meus anseios, que me dá forças todos os dias para poder continuar tentando sempre ser uma pessoa melhor, mesmo quando*

> *parece que você está tentando fazer isso sozinho. Foi a Doutrina Espírita que construiu uma ponte inabalável entre o meu coração e Deus e que me ensinou o verdadeiro valor da vida e da fé.*
>
> MARIA CLARA, 19 ANOS

> *Há algum tempo constituíram-se alguns grupos, de especial caráter, e cuja multiplicação entusiasticamente desejamos encorajar. São os denominados grupos de ensino. Neles ocupam-se pouco ou quase nada das manifestações. Toda a atenção se volta para a leitura e explicação de* O livro dos espíritos, *de* O livro dos médiuns *e artigos da* Revista Espírita. *Algumas pessoas devotadas reúnem com esse objetivo um certo número de ouvintes, suprindo para eles as dificuldades da leitura ou do estudo isolado. Aplaudimos de todo o coração essa iniciativa que, esperamos, terá imitadores e não poderá, em se desenvolvendo, deixar de produzir os melhores resultados.*
>
> ALLAN KARDEC (2005b)

Os espaços de estudo nos Centros Espíritas referem-se a reuniões de jovens para o estudo semanal da Doutrina Espírita e representam espaço privilegiado de encontro e compartilhamento, reflexões e vivências, além de favorecer o fortalecimento dos laços afetivos e sociais entre seus pares e todos os envolvidos na ação evangelizadora. A implantação e a implementação de grupos de juventude nos Centros Espíritas representam ação de relevo por promover o estudo compartilhado da Doutrina Espírita de forma contextualizada com o cotidiano jovem, além de favorecer o engajamento do jovem nas tarefas desenvolvidas nas Instituições.

a.1) Organização de núcleos temáticos

> *Ela [Doutrina Espírita], como filosofia, ciência e religião, é o caminho que me guia, me traz respostas e dúvidas, orientações e ensinamentos. Creio que, a partir das conclusões e das informações trazidas na evangelização e no Centro Espírita, crio novas oportunidades para praticar, ou tentar, e colocá-las como objetivo, ações e ensinamentos do nosso grande Mestre Jesus — Ele como exemplo maior.*
>
> LUCAS, 17 ANOS

Em enquete realizada no *site* do DIJ/FEB, no primeiro semestre de 2013, no qual se manifestaram 1.072 jovens de todos os estados do

Brasil, foi perguntado o que os motiva a participar de um grupo de juventude/mocidade no Centro Espírita, sendo-lhes solicitado que assinalassem os tópicos a seguir descritos, por prioridade:

» Encontrar com os amigos;

» Buscar respostas para os desafios da vida jovem;

» Adquirir conhecimento sobre a vida espiritual e a Doutrina Espírita;

» Participar de trabalho voluntário;

» Atender a orientação de sua mãe, pai e/ou responsável.

O resultado da enquete apresenta dados interessantes e muito significativos àqueles que organizam e desenvolvem ações para a juventude/mocidade espírita: 70% dos jovens apontaram como primeira opção "Adquirir conhecimento sobre a vida espiritual e a Doutrina Espírita". Como segunda opção, 38% dos jovens marcaram o item "Buscar respostas para os desafios da vida jovem" e, como terceira opção, o item de maior frequência foi "Encontrar com os amigos" (37%).

Tais dados nos mostram que os jovens procuram os Centros Espíritas em busca de conhecimento doutrinário que, adequadamente contextualizados, favorecerão encontrarem respostas para os desafios da vida jovem. Nesse processo, faz-se evidente o fortalecimento dos vínculos de amizade e a ampliação de sua rede social e afetiva, reconhecendo a Instituição Espírita como espaço privilegiado de estudo, de confraternização e de ação jovem.

A Codificação Espírita é um vasto repositório de esclarecimentos que se organizam em princípios sobre "a imortalidade da alma, a natureza dos Espíritos e suas relações com os homens, as leis morais, a vida presente, a vida futura e o porvir da humanidade, segundo os ensinos dados por Espíritos superiores com o concurso de diversos médiuns" (*O livro dos espíritos*, frontispício). Tais princípios oferecem uma nova concepção de vida, cujo conhecimento mostra-se fundamental para a vida do jovem, devendo ser abordados e aprofundados nos grupos de juventude/mocidade existentes nas Instituições Espíritas.

Apresenta-se, a seguir, a proposta de núcleos temáticos para referenciar os estudos voltados para a juventude/mocidade nos Centros Espíritas. Tais núcleos serão desenvolvidos por meio de temas doutrinários correlatos, constituindo uma proposta norteadora para os trabalhos desenvolvidos junto aos grupos de estudo.

A presente proposta temática foi elaborada com base em *O livro dos espíritos* e demais obras da Codificação Espírita, enriquecida pelas contribuições apresentadas pelos jovens e evangelizadores por meio da enquete virtual DIJ/FEB, bem como pelas sugestões compartilhadas pelos dirigentes de DIJ das Entidades Federativas Estaduais.

Os núcleos temáticos propostos desdobram-se em temas doutrinários, de caráter abrangente, os quais podem acolher inúmeros assuntos cotidianos demandados diretamente pelos jovens, procedendo-se à adequada contextualização e fundamentação doutrinária (vide item "Contextualização e reflexão crítica" deste documento), sempre baseada nos aspectos científico, filosófico e religioso da Doutrina Espírita, de modo indissociável. Conforme nos ensina Bezerra de Menezes na mensagem "Unificação":

> A Doutrina Espírita possui os seus aspectos essenciais em configuração tríplice. Que ninguém seja cerceado em seus anseios de construção e produção. Quem se afeiçoe à ciência que a cultive em sua dignidade, quem se devote à filosofia que lhe engrandeça os postulados e quem se consagre à religião que lhe divinize as aspirações, mas que a base Kardequiana permaneça em tudo e todos, para que não venhamos a perder o equilíbrio sobre os alicerces em que se nos levanta a organização (*Reformador*, 1975).

A organização temática e sua abordagem devem atender a relevantes aspectos, como: i) o interesse cotidiano dos jovens como referência de conexão com o contexto em que estão inseridos; ii) o melhor entendimento dos acontecimentos contemporâneos sob a ótica da Doutrina Espírita; iii) as diferenças e especificidades das diversas faixas etárias; iv) a diversidade sociocultural do país; v) a linguagem adequada para fazer convergir os itens anteriores na direção do objetivo de aprendizagem que se deseja.

Nesse sentido, com a participação ativa e integrada dos jovens no processo de escolha e organização temática, pode-se optar por temas cotidianos, fundamentando-os doutrinariamente, ou por temas doutrinários, contextualizando-os ao cotidiano, primando-se pela garantia da ponte conectora da Doutrina Espírita à vida jovem. Como exemplo, pode-se abordar o tema "livre-arbítrio e lei de causa e efeito" a partir de situações do cotidiano, ou abordar, dentre outros, o tema "consequências físicas e espirituais do uso de drogas", fundamentando-o no livre-arbítrio e na lei de causa e efeito. O tema doutrinário "pluralidade dos mundos habitados", de grande interesse dos jovens, pode ser contemplado com o tema cotidiano "vida em outros planetas", dentre outras possibilidades, promovendo-se, ainda, a contextualização da Terra, a escala evolutiva de seus habitantes e a responsabilidade de todos na evolução do planeta.

De igual forma, temas como "o poder da prece", "aborto", "vida no mundo espiritual", "sono e sonhos", "a influência dos Espíritos em nossos pensamentos e atos", "as bem-aventuranças", "autoconhecimento" e "sexualidade", "respeito à diversidade", dentre outros relacionados à Codificação e à história do Espiritismo e do Movimento Espírita, devem ser abordados com enfoques contextualizados à vida jovem, de forma atrativa e participativa, capazes de contribuir para o seu processo de autoaperfeiçoamento.

Compreende-se que a diversidade contemplada nos núcleos temáticos propostos e a interconexão natural dos temas favorecem uma visão abrangente da Doutrina Espírita, possibilitando a flexibilidade de inserção e abordagem de inúmeros assuntos, bem como favorecendo a construção de espaços de estudo dinâmicos, contextualizados e bem fundamentados.

No que tange à abordagem temática, os evangelizadores/coordenadores de juventude devem estar atentos aos eixos estruturantes da tarefa, de modo a favorecer a adequada contextualização e a proporcionar o conhecimento doutrinário, o aprimoramento moral e a transformação social, em consonância com os princípios doutrinários, contemplando a formação integral do indivíduo e alcançando instâncias do conhecimento, do sentimento e da ação (cabeça, coração e mãos), sob a perspectiva da fé raciocinada e da prática da caridade.

No que tange ao desenvolvimento dos temas, ressalta-se que sua organização deve atender aos objetivos da tarefa, bem como às necessidades demandadas pelo grupo, sugerindo-se sua organização em um planejamento anual ou semestral, de modo a favorecer a qualidade dos momentos de estudo e a efetividade do seu caráter educativo. Nessa perspectiva, a seleção e a sequência dos temas são adaptáveis às diferentes realidades, devendo-se primar, contudo, por sua organização lógica, por sua fundamentação doutrinária, pela contextualização à realidade dos jovens e por seu dinamismo metodológico. Em tal organização, pode-se identificar que um determinado tema necessite ser trabalhado em um ou mais encontros, de forma específica ou associada a outros temas, dependendo do enfoque e aprofundamento conduzido pelo evangelizador/coordenador. O planejamento anual pode contemplar, ainda, temas livres semestrais, trimestrais ou bimestrais, demandados pelos jovens, para serem estudados e desenvolvidos nos grupos da evangelização.

Para alcançar esse conjunto de intenções, a formação continuada de evangelizadores/coordenadores apresenta-se como espaço privilegiado de organização, planejamento e compartilhamento de roteiros de estudo e atividades, potencializando a ação evangelizadora em nível local ou regional.

NÚCLEOS TEMÁTICOS PARA A JUVENTUDE

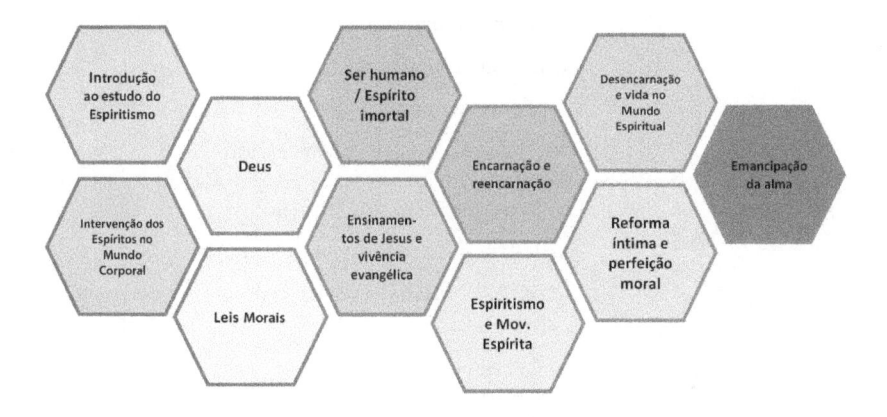

- Introdução ao estudo do Espiritismo
- Ser humano / Espírito imortal
- Desencarnação e vida no Mundo Espiritual
- Deus
- Encarnação e reencarnação
- Emancipação da alma
- Intervenção dos Espíritos no Mundo Corporal
- Ensinamentos de Jesus e vivência evangélica
- Reforma íntima e perfeição moral
- Leis Morais
- Espiritismo e Mov. Espírita

Núcleos temáticos	Propostas de temas doutrinários
Introdução ao estudo do Espiritismo	a. Doutrina Espírita: ensinos fundamentais b. Tríplice aspecto: ciência, filosofia e religião c. Allan Kardec: educador e codificador d. As obras básicas e a metodologia da Codificação

Deus	a. Provas da existência de Deus
	b. Atributos da divindade e Providência divina
	c. Deus na visão de Jesus
	d. Criação divina
	   • Elementos gerais do universo: Espírito e matéria
	   • Fluido cósmico universal
	   • Princípio vital: seres orgânicos e inorgânicos; inteligência e instinto
	   • Reinos da natureza
	   • Mundo material e mundo espiritual
	e. Comunhão com Deus:
	   • Fé raciocinada
	   • Prece e a oração do Pai-Nosso

Ser humano — Espírito imortal	a. Origem e natureza dos Espíritos b. Existência e sobrevivência do Espírito c. Elementos constitutivos do ser humano: corpo, perispírito e Espírito d. Escala espírita e. Progressão dos Espíritos f. Pluralidade dos mundos habitados

Núcleos temáticos	Propostas de temas doutrinários

Encarnação e reencarnação	a. Objetivo da encarnação
	 b. Pluralidade das existências
	    • Encarnação nos diferentes mundos
	    • Justiça da reencarnação
	    • Esquecimento do passado
	    • Sexos nos Espíritos
	    • Provas e expiações
	    • Planejamento reencarnatório
	    • Parentesco e filiação
	    • Semelhanças físicas e morais
	    • Faculdades morais e intelectuais do homem
	    • Influência do organismo
	    • Infância
	    • Provas da reencarnação
	    • A reencarnação no Evangelho
	 c. União da alma e do corpo: a questão do aborto
	 d. Simpatias e antipatias terrenas
	 e. Cuidados com o corpo e com o Espírito
	 f. Valorização e sentido da oportunidade reencarnatória

Núcleos temáticos	Propostas de temas doutrinários
Desencarnação e vida no Mundo Espiritual	a. Desencarnação: • Separação da alma e do corpo: preservação da individualidade • Morte e perturbação espiritual • Perda dos entes queridos • Temor da morte • Suicídio direto/indireto e prevenção • Eutanásia b. Vida no mundo espiritual • Paraíso, inferno e purgatório • Espíritos errantes e mundos transitórios • Percepções, sensações e sofrimentos dos Espíritos • Relações no Além-Túmulo: simpatias e antipatias entre os Espíritos • Recordação da existência corpórea • Fatores que afetam o retorno do Espírito ao mundo espiritual • Experiências e relatos de jovens no mundo espiritual • Ocupação e missões dos Espíritos
Emancipação da alma	a. Sono e sonhos b. Visitas espíritas entre pessoas vivas c. Transmissão do pensamento d. Letargia, catalepsia e mortes aparentes e. Sonambulismo, êxtase e dupla vista

Núcleos temáticos	Propostas de temas doutrinários
Intervenção dos Espíritos no mundo corporal e comunicabilidade dos Espíritos	a. Intervenção dos Espíritos no mundo corporal • Influência dos Espíritos em nossos pensamentos e atos • Anjos da guarda, Espíritos protetores, familiares ou simpáticos • Pressentimentos • Influência dos Espíritos nos acontecimentos da vida • Ação dos Espíritos sobre os fenômenos da natureza • Pactos, poder oculto, talismãs e feiticeiros • Bênçãos e maldições • Obsessão: tipos e casos • Desobsessão: princípios e casos b. Mediunidade • O fenômeno mediúnico através dos tempos • Finalidades e mecanismos das comunicações mediúnicas • Tipos de médiuns e mediunidade • Evocação e comunicações espontâneas • Reuniões sérias e frívolas • Médiuns: qualidades essenciais e influência moral na comunicação
Ensinamentos de Jesus e vivência evangélica	a. Jesus e a Lei do Amor b. A vida de Jesus c. Parábolas e ensinos de Jesus d. As bem-aventuranças e o sermão da montanha • Bem-aventurados os aflitos: justiça das aflições • Bem-aventurados os pobres de espírito: o orgulho e a humildade • Bem-aventurados os que têm puro o coração: simplicidade e pureza de coração • Bem-aventurados os que são brandos e pacíficos: injúrias e violências, afabilidade e doçura, paciência, obediência e resignação, cólera • Bem-aventurados os que são misericordiosos: perdão e indulgência e. Personagens do Cristianismo f. Propagação do Cristianismo g. Jesus na atualidade e a atualidade de Jesus

Núcleos temáticos	Propostas de temas doutrinários

Reforma íntima e perfeição moral	a. Conhecimento de si mesmo
	   • Educação dos sentimentos e das emoções
	   • As virtudes e os vícios
	   • Sexualidade
	b. Felicidade e infelicidade relativas
	c. Caracteres do homem de bem
	d. A nova geração e a implantação do bem na Terra

Núcleos temáticos	Propostas de temas doutrinários

Leis Morais	a. Lei divina ou natural: o bem e o mal
	b. Lei de adoração: a prece
	• Eficácia da prece; • Mecanismo e ação da prece
	c. c. Lei do trabalho:
	• Necessidade do trabalho e o repouso; • Escolha profissional
	d. Lei de reprodução:
	• População do globo; • Obstáculos à reprodução e planejamento familiar
	e. Lei de conservação:
	• Instinto e meios de conservação; • O necessário e o supérfluo: o consumismo; • Sustentabilidade e meio ambiente
	f. Lei de destruição:
	• Destruição necessária e abusiva; • Flagelos destruidores, guerras e mortes coletivas; • Pena de morte
	g. Lei de sociedade:
	• Vida social
	  – Laços de amizade; Compromisso afetivo e namoro; Conflitos sociais e violência; Drogas lícitas e ilícitas; Conduta espírita na sociedade: contextos, eventos e relações sociais; Conduta espírita nas redes sociais e relacionamentos virtuais; O jovem como agente de transformação social
	• Vida familiar
	  – A importância da família para a evolução do Espírito; Significados dos laços de família; Casamento, divórcio e novos arranjos familiares; Conflitos familiares; Conduta espírita no lar; Reunião de estudo do Evangelho no lar; Família corporal e espiritual
	h. Lei do progresso:
	• Marcha do progresso e civilização; • Evolução do pensamento religioso; • Progresso da legislação humana; • Influência do Espiritismo no progresso; • Evolução científica e evolução moral; • A transição do planeta
	i. Lei de igualdade:
	• Desigualdades das aptidões; • Desigualdades sociais; • Provas da riqueza e da miséria; • Igualdade de direitos do homem e da mulher; • Respeito à diversidade; • Tolerância religiosa
	j. Lei de liberdade:
	• Liberdade natural e escravidão; • Liberdade de pensar e de consciência; • Livre-arbítrio e lei de causa e efeito; • Conhecimento do futuro
	k. Lei de justiça, amor e caridade:
	• Justiça e direitos naturais; • Direito de propriedade material e intelectual: roubo, furto e outros desvios; • Caridade e amor ao próximo

Núcleos temáticos	Propostas de temas doutrinários

Espiritismo e Movimento Espírita	a. Fenômenos que antecederam a codificação: Hydesville e as mesas girantes
	b. Personalidades do Espiritismo
	c. Missão espiritual do Brasil
	d. Doutrina Espírita e Movimento Espírita
	e. Movimento Espírita Brasileiro e Internacional
	   • Pacto Áureo
	   • Caravana da Fraternidade
	   • Conselho Espírita Internacional
	f. O Centro Espírita e suas finalidades
	g. A integração do jovem no Centro Espírita e no Movimento Espírita: estímulo/convite ao protagonismo
	h. Integração do jovem nos movimentos inter-religiosos

a.2) Reflexões metodológicas

> *Participar de uma mocidade e estudar a Doutrina Espírita me faz muito bem. Tenho grandes amigos que me proporcionam momentos felizes e me sinto estimulada a aprender cada dia mais sobre a espiritualidade e, principalmente, a tentar me tornar uma pessoa melhor através da caridade, do amor ao próximo e sempre no caminho do bem.*
>
> CAROLINA, 17 ANOS

A ação evangelizadora com os jovens nos convida a significativas reflexões metodológicas com vistas à sua efetividade. Nesse contexto, a concepção dos jovens como Espíritos imortais, herdeiros de si mesmos e agentes de transformação social amplia, sobremaneira, as formas de condução e mediação dos estudos e das demais atividades desenvolvidas nos grupos de juventude/mocidade, incentivando-os à participação ativa, à reflexão e à ação.

Visando à aprendizagem e à vivência da mensagem espírita, os espaços de estudo devem contemplar estratégias criativas, alegres e reflexivas, utilizando-se de linguagem lúdica e atrativa, afetuosa e informal. A literatura espírita, as mídias, a música, as artes visuais, o teatro, dentre outras manifestações artísticas e recursos tecnológicos, constituem valiosas ferramentas para a abordagem de temas doutrinários e cotidianos, favorecendo momentos de reflexão e ação no bem.

Outros aspectos relativos à metodologia podem ser encontrados no tópico "Qualidade pedagógica" deste documento, que destaca a relevância de articular a criatividade e o zelo doutrinário ao dinamismo, à interação, ao diálogo e à vivência da fraternidade.

Com a palavra, o jovem!

A Doutrina Espírita mudou a minha vida, abriu os meus olhos enraizados no materialismo para a espiritualidade, me mostrou que não era louca por ver, conversar, ouvir e falar com Espíritos, me ajudou a fazer amigos interessados no bem (que, diferentes de outros jovens, não ligam pra bebidas, cigarros, festas como micaretas, onde o sexo é totalmente banalizado) e principalmente me fez querer mudar, ser uma pessoa melhor sem qualquer tipo de preconceito.
FERNANDA, 19 ANOS

É quase indescritível. Sou de berço espírita e não me vejo sem a Doutrina! Ela tem uma enorme importância em minha vida. A maioria de minhas dúvidas são esclarecidas e me leva a me interessar mais e mais sobre a vida, ou melhor, sobre as vidas... A Doutrina também tem grande importância para mim por envolver filosofia, ciência e religião... coisas importantíssimas para cada ser! Enfim, não me arrependo em nenhum momento de seguir essa Doutrina.
ANNA, 14 ANOS

A Doutrina Espírita é simplesmente aquela que me dá a luz do saber e da explanação sobre o caminho que Jesus deixou para seguirmos. Ela tem importância total em minha vida, pois é munido do conhecimento dela que posso definir o certo e o errado, além de ter questões respondidas com lógica e sabedoria.
ANDRÉ, 17 ANOS

A Doutrina Espírita é muito importante para mim, pois ela me ensina, me direciona e me aproxima de Deus e de todos os seus ensinamentos. O Espiritismo responde minhas perguntas, dúvidas e abre minha cabeça para eu me questionar e tentar entender o porquê das coisas.
CLARA, 14 ANOS

> *A Doutrina vem me mostrando mais e mais um jeito melhor de ver os acontecimentos do dia a dia. Me identifico muito com o que nos é ensinado durante os estudos.*
> ANA GABRIELA, 17 ANOS

> *Para mim, a Doutrina Espírita se tornou fundamental desde os meus três anos, quando comecei a frequentar a Casa Espírita. Lá encontrei e encontro respostas para todas as minhas dúvidas e perdi o meu medo de morrer (um medo que quase todo mundo que não conhece o Espiritismo tem). A Doutrina Espírita é totalmente esclarecedora, pois ela não te diz só SIM ou NÃO, ela te explica quais serão as consequências dos seus atos...*
> BIANCA, 17 ANOS

b) Espaços de convivência familiar

> *A Doutrina Espírita se faz presente em todos os momentos de minha vida. Posso dizer que ela me ajudou a encontrar meu caminho, a superar os desafios, a ser mais humilde, a entender o que é a caridade de fato e tentar praticá-la, a não ter medo de errar, a amar. Em suma, ela me instruiu, mostrando as leis naturais, as virtudes que devemos cultivar, a moral do Cristo e todos os seus ensinamentos. Essa Doutrina maravilhosa quebra o forte individualismo que está no ser humano, demonstra que amar e ajudar o próximo nos edifica. Eu só posso agradecer a Deus por ter nascido em uma família espírita que me introduziu nessa Doutrina consoladora.*
> ELLIS, 20 ANOS

A promoção de espaços de convivência familiar no Centro Espírita representa relevante ação com vistas ao fortalecimento dos vínculos entre seus membros, bem como entre eles e a Instituição Espírita. A família representa público atendido pela Área de Infância e Juventude no que tange ao fortalecimento da ação evangelizadora, ao apoio na abordagem de temas familiares à luz da Doutrina Espírita e ao acompanhamento do processo de formação espiritual das crianças e jovens. Compreende-se que a família constitui público da Instituição Espírita em sua totalidade, cabendo-lhe a implementação de ações mediante as especificidades de cada campo de atuação.

A formação moral, em especial a busca do desenvolvimento da espiritualidade, inicia-se no lar, fortalece-se em ações como o Evangelho no lar e estende-se para a Instituição Espírita em ações como os grupos de família. O exemplo é educador por excelência, portanto, ao constatar a satisfação e o valor que os pais atribuem ao espaço evangelizador, a criança e o jovem colherão referências primorosas que pesarão, de forma determinante, em suas escolhas de vida presente e futura.

Dessa forma, o Centro Espírita deve proporcionar espaços de acolhimento da família como um todo, além de seus diferentes membros em particular. A adequação de atividades e processos comunicacionais para atender as especificidades de cada um, em seus diferentes tempos de vida, requer momentos específicos de ação formativa, somando-os à riqueza de momentos construídos para que a família se encontre, dialogue, aprenda junto e cultive a alegria cristã, agradecendo pela oportunidade de estar unida pelo ideal de aprender a conviver e a usufruir da experiência singular de união nesta jornada terrena.

O Espiritismo bem compreendido é fonte bendita para o desempenho da missão da paternidade, da maternidade e da fraternidade, considerando a complexidade de contextos e as diversidades que compõem as histórias de vida em família, inclusive as de ordem ideológica e religiosa, primando-se pelo exercício do respeito mútuo.

Portanto, momentos de estudo, confraternização, encontros em espaços externos e trabalho compartilhado em família podem ressignificar o desafio de Espíritos que estão sendo convidados, pela lei do progresso, a caminharem juntos e a se apoiarem para lograrem êxito no cumprimento do planejamento reencarnatório, considerando que a família constitui laboratório inicial de aprendizagens, formação do caráter e construção de valores essenciais.

Com a palavra, o jovem!

Nasci em lar espírita e desde pequena as sementinhas das lições de Jesus e da Doutrina Espírita foram sendo depositadas no meu coração e na minha mente. Jesus já nos ensinou: "Conhecereis a verdade, e a verdade vos libertará". Não tem como sermos os mesmos ao entrarmos em contato com a verdade espírita. Não quero dizer com isso que já nos transformamos totalmente e superamos todos os vícios e dificuldades ainda presentes em um Espírito em processo de evolução, mas já nos sentimos incomodados por permanecermos em uma zona de conforto diante da vida e passamos a cobrar mais de nossas atitudes e pensamentos. Enfim, durante a juventude, passamos por uma turbulência de diversos questionamentos, cobranças e transformações que a Doutrina, com seu aspecto filosófico e científico, nos auxilia a encontrar as melhores respostas. Podemos passar por momentos de inquietação que a religiosidade nos auxilia a nos mantermos em equilíbrio e em harmonia com os valores do bem.

CAROLINA, 18 ANOS

A Doutrina Espírita, pra mim, é muito mais interessante do que parece. Quando nasci, minha família já era espírita, então ela foi de fundamental importância na minha formação pessoal. Ela ajudou a mim e a minha família a passar por situações como a perda de entes queridos (meu pai e minha avó) e me faz compreender e fortalecer diante das dificuldades.

LUCAS, 20 ANOS

Com a Doutrina Espírita, consegui atravessar caminhos difíceis, acreditar na minha família, em momentos em que a maioria dos jovens afasta-se de tudo e de todos. Ter uma resposta lógica, em uma Doutrina tão maravilhosa, esclarecedora e consoladora.

MANUELA, 20 ANOS

c) Espaços de confraternização

A Doutrina Espírita é tudo na minha vida! Maravilhosa! Amo o Espiritismo, tento ao máximo viver de acordo com o que aprendo na Casa Espírita, amo demais o conforto que a Doutrina traz e o incentivo a nossa melhora e evolução. É uma doutrina muito otimista. Esse é um dos motivos que me faz amar tanto o espiritismo. Amo também o fato de poder ser livre para fazer qualquer tipo de pergunta no Centro Espírita, sabendo que elas serão respondidas de acordo com a razão e não será dito que tenho que acreditar, pois está

> *escrito em algum lugar... Tudo na Doutrina Espírita faz sentido pra mim, tudo é muito lógico e eu amo isso! Fora que, a cada evento espírita que vou, saio com mais forças e querendo mais ser uma pessoa melhor!*
>
> BÁRBARA, 18 ANOS

As ações confraternativas representam espaços de fortalecimento dos vínculos de integração, afeto e aprendizagem entre os jovens, colaboradores da evangelização e família. Espaços de confraternização podem ser organizados com a finalidade de estudo conjunto, convívio e prática dos ensinamentos espíritas em níveis local, regional, estadual, inter-regional e nacional, cuja variedade de modalidades, periodicidade, temas e ações estimula a participação dos jovens e favorece a integração, o dinamismo, o estudo compartilhado, a prática da caridade, dentre outras ações que permeiam a vida jovem.

Encontros, intercâmbios entre Instituições Espíritas, excursões ou visitas, congressos e confraternizações favorecem, ainda, ao jovem, vivenciar a dimensão do Movimento Espírita, ampliando sua visão e o sentimento de pertencer a um projeto coletivo que transcende o espaço da Instituição Espírita, ampliando a perspectiva de grupo e possibilidade de comprometer-se com a causa ao assumir-se como "jovem em movimento".

Consideram-se ainda relevantes as ações que envolvem encontros informais de confraternização entre os jovens e grupos de juventude/mocidade, que favorecem o estreitamento dos laços de amizade e confiança entre os pares e podem ser estimulados e potencializados no âmbito das Instituições Espíritas, contando com a participação dos evangelizadores/coordenadores. Nesse sentido, encontros na casa de amigos, no cinema, em restaurante e lanchonete, prática de esportes, caminhada, piquenique, dentre outros programas e atividades, surgem como algumas das opções informais de confraternização entre os jovens. Considerando que a ação evangelizadora extrapola os espaços formais de evangelização, tais momentos podem ocorrer de modo espontâneo pelo grupo de jovens ou podem ser promovidos pelos evangelizadores/coordenadores, sugerindo-se bom senso e coerência na escolha dos programas, de modo a garantir momentos de descontração, alegria e amizade, atentos à segurança física e espiritual dos jovens.

Com a palavra, o jovem!

> *A Doutrina Espírita tem um papel importantíssimo na minha vida. Através dela é que eu consegui a resposta para vários questionamentos, pude perceber a importância da moral cristã no dia a dia e, entre várias outras coisas, ela me proporcionou, na vivência dentro da Casa Espírita em que sou trabalhadora, encontrar (ou reencontrar) amigos verdadeiros e muito caros à minha alma! Sou e serei eternamente grata à Doutrina!*
>
> JOYCE, 19 ANOS

d) Espaços de vivência e ação social

> *A Doutrina Espírita é um meio de manter uma ligação fixa, duradoura, estável com Deus. É um suporte moral e religioso em uma época difícil e em uma sociedade conturbada como a nossa. É a forma de fazermos a diferença. Sem querer ser melhor nem pior que ninguém, é na diferença que mostramos que o mundo tem jeito sim, que a humanidade caminha para o bem e que os bons são a maioria!*
>
> LARISSA, 18 ANOS

A perspectiva do trabalho no bem apresenta possibilidades infinitas, diretamente proporcionais à vontade e à predisposição de fazer diferença em cada momento da vida. O processo de educação para a solidariedade é um convite à nossa condição de humanidade e a assumirmos responsabilidade com o processo de autoaprimoramento e de aprimoramento do meio social. Alinhados na causa do bem comum, nasce o compromisso de projetar um futuro de esperança. Sob tal perspectiva, o trabalho voluntário, na Casa Espírita e em diversos espaços sociais, é proposta educativa que desperta a autoestima, a autoconfiança e os talentos humanos revelados nas ações e no exercício de doar-se.

Ações sociais voltadas para a prática da caridade e transformação social são veículos de informação e afeto que mobilizam mentes e corações na direção do bem comum. Podemos citar, como exemplos, visitas a instituições de apoio e promoção social, participação em campanhas e ações coletivas voltadas para a defesa da vida e de causas solidárias, como caminhadas e ações por meio de redes sociais, bem como por movimentos pacíficos de mobilização.

A tais ações somam-se, ainda, a participação dos jovens em eventos inter-religiosos, oportunizando-se o intercâmbio com outros movimentos religiosos de juventude e promovendo a construção de diálogos e vínculos de amizade e respeito mútuo.

Os espaços de ação e vivência social representam, assim, momentos privilegiados de vivência espírita em diferentes contextos sociais, por meio da articulação entre os conhecimentos doutrinários (cabeça), a afetividade (coração) e as ações (mãos) direcionadas ao bem comum.

Com a palavra, o jovem!

> *[Importância da Doutrina Espírita] Guiar-me nos meus atos dentro da sociedade.*
> CAIO, 16 ANOS

> *É a minha base moral e cultural como um todo, ensinamento de princípios e conduta para comigo e para com a sociedade em geral.*
> TAMARA, 17 ANOS

> *[A Doutrina Espírita] É uma luz pra vida inteira. É um estudo que realmente ensina a viver, nos abre os olhos e melhora nossa maneira de interagir com o mundo.*
> EDUARDA, 19 ANOS

e) Espaços de comunicação social

> *A importância da Doutrina Espírita para mim é me auxiliar no entendimento da vida em seu âmbito maior, que vai muito além do terrestre. Além disso, posso fazer mais amigos com os mesmos interesses que eu, conhecer mais sobre pessoas, vida, morte e caridade.*
> ANDRESSA, 17 ANOS

O codificador Allan Kardec expressa, em todos os aspectos de sua obra, o seu apreço pela educação, considerando-a como prioridade e diretriz para a organização do Consolador Prometido. Revela, ainda, que sua concepção vanguardista e inovadora de educar contempla a busca constante de novas metodologias, novas oportunidades e novas soluções para os sucessivos desafios que se apresentam ao educador.

É nessa perspectiva que vamos encontrar a necessária e fértil interface entre a evangelização da juventude e a comunicação social espírita — áreas há muito estruturadas no seio do Movimento de Unificação, mas que muito têm a explorar, de modo integrado e colaborativo, na seara da edificação de hábitos cristãos em nossos jovens espíritas.

Os dados mais recentes apresentados pelo censo da juventude espírita no Brasil apontam para o mesmo rumo dos ensinamentos compilados por Allan Kardec na obra básica *A gênese*, sob o título *A geração nova*. Estamos diante de Espíritos reencarnados que denotam notável precocidade na absorção de informações, com demandas crescentes por novos cenários, com imensas possibilidades de ação no mundo e grande necessidade de ações evangelizadoras e moralizantes que aperfeiçoem e canalizem os talentos de que são portadores.

Nesse contexto, destacamos alguns aspectos que merecem atenção:

» As tecnologias e ferramentas de comunicação devem ser utilizadas permanentemente na evangelização da juventude;

» Os evangelizadores de juventude devem ser capacitados para a implementação das ferramentas de comunicação como recursos pedagógicos;

» É oportuna a adoção de ações evangelizadoras perante a juventude com a implementação, pelos jovens, de ações de divulgação do Espiritismo nos diversos meios e veículos de comunicação, de acordo com a realidade de cada célula de trabalho espírita;

» O interesse natural dos jovens pela tecnologia e pela comunicação pode ser canalizado para a sua atuação como colaborador em atividades do Centro Espírita;

» Os elementos que integram a ação evangelizadora espírita — a criança, o jovem, o evangelizador/coordenador de juventude, a família, o meio social — devem ser considerados no processo de comunicação social espírita, especialmente no que tange à característica da mensagem, linguagem e canais/mídias mais eficazes.

Reconhece-se o potencial dos conhecimentos e ferramentas de comunicação como recursos pedagógicos úteis para a construção de ações evangelizadoras, notadamente em relação aos jovens. Muitos dos recursos de comunicação que fazem parte de nossa vida cotidiana podem ser aproveitados de modo simples e bem-sucedido nos encontros de evangelização da juventude. Podemos mencionar, por exemplo, a fotografia, a filmagem e o uso de câmeras de vídeo; tecnologias e ferramentas de comunicação como a Internet e as mídias sociais.

Por relacionar-se diretamente às questões que envolvem o comportamento da juventude contemporânea, detalharemos, neste momento, o potencial da Internet e das mídias sociais para o alcance dos objetivos da evangelização da juventude.

Especificamente no que se refere às redes sociais digitais (Facebook, Twitter, Instagram e Blink Me...), estas representam oportunidades de conhecer o evangelizando com maior profundidade, identificar seus focos de interesse, suas formas de relacionamento e algumas tendências e características que podem ser objetos das ações evangelizadoras. Além disso, visitando as páginas e os perfis das mídias sociais, podem ser observados outros elementos do processo de ensino-aprendizagem, tais como o meio social em que o jovem está inserido e a própria família e seus contextos.

O contato com o jovem pelas mídias sociais, assim como por *chats* do tipo Skype, WhatsApp, Google Hangout, Google Talk, Messenger etc., constitui-se em um possível incremento na construção do vínculo com o evangelizador e com o próprio Centro Espírita. Cria-se, assim, uma nova via de diálogo, um potencial aumento de confiança e identificação, bem como se abre uma porta para os pedidos de auxílio para situações que talvez não viessem a ser compartilhadas pelo evangelizando em um contato presencial. Ressalta-se que não se trata de substituição ou enfraquecimento dos encontros presenciais, mas a insuficiência do contato presencial para a demanda e a velocidade com que a vida do jovem se processa pode encontrar na Internet, e em todas as ferramentas tratadas, um novo espectro de ação para os evangelizadores.

É fato que o jovem vive conectado boa parte do seu tempo. Embora esse modo de vivência e convivência possa parecer inicialmente um desafio ou obstáculo, devemos considerá-lo como oportunidade, conforme mostra-nos a metodologia do Cristo — que ensinava sempre aproveitando as circunstâncias inerentes à realidade de seus educandos.

Em consequência de tais práticas cuja implementação se sugere, emerge uma nova necessidade: devem ser inseridos como conteúdos na evangelização de juventude os tópicos relativos à consciência e vivência espírita nos espaços virtuais, a descoberta e utilização de *sites*, portais, *blogs* conhecidos e validados pelo evangelizador/coordenador de juventude, bem como reflexões acerca de como lidar com conteúdos de diferentes naturezas presentes na Internet (*ciberbullying*, violação de privacidade, comércio ilegal, pirataria, dentre outros) que exigem postura crítica e coerente com a vivência espírita de modo a não apenas sofrer influência, mas exercer influência moralizante sobre esse meio.

f) Espaços de integração do jovem nas atividades do Centro Espírita e do Movimento Espírita

> *Ela [Doutrina Espírita] me guia. Quando passamos por problemas na vida, ela nos ensina a ter fé no futuro, mostra a importância do trabalho e nos dá oportunidade de trabalhar também.*
> TOMÁS, 20 ANOS

> *Graças ao trabalho preparatório que se vem realizando, há anos, junto à criança e ao jovem, é que encontramos uma floração abençoada de trabalhadores, na atualidade, que tiveram o seu início sadio e equilibrado nas aulas de evangelização espírita, quando dos seus dias primeiros na Terra... Este ministério de preparação do homem do amanhã facultará ao Brasil tornar-se realmente "O coração do mundo e a Pátria do Evangelho" [...].*
> JOANNA DE ÂNGELIS (DUSI, 2015)

A juventude representa fase importante para o desenvolvimento do Espírito.

Enquanto ser reencarnado em processo de aprimoramento, o jovem trilha caminhos que o convidam, continuamente, ao autoconhecimento e à escolha de atitudes alinhadas com seus objetivos e ideais, comprometendo-se com uma opção mais consciente de vida. Mediante os desafios da atualidade, a mensagem de Jesus à luz do Espiritismo representa roteiro seguro e convida o jovem, igualmente, a assumir-se como tarefeiro no bem e a colaborar na construção do mundo novo.

Bezerra de Menezes (1982), ao responder sobre a dinamização da tarefa de evangelização, informa-nos quanto à correspondente ampliação de trabalhadores, a fim de que a tarefa alcance os objetivos propostos:

> Não há dúvida de que, crescendo a demanda, se aprestarão novos colaboradores para a ampliação das legiões evangélicas de encarnados e desencarnados, às quais não faltarão os recursos da fé e as inspirações do Mais Alto para que se efetivem as semeaduras da luz (DUSI, 2015).

A contribuição na seara espírita favorece ao jovem o conhecimento mais aprofundado da Doutrina Espírita e a vivência mais próxima do Movimento Espírita, permitindo unir cabeças, corações e mãos em prol da promoção do bem e da construção da paz. O fortalecimento dos laços entre o jovem e a Casa Espírita traz benefícios para todos:

Para a Casa Espírita e para o Movimento Espírita	Para o jovem
• enaltece a função educativa da Casa Espírita pelo acesso à vivência do Evangelho cristão; • integra os diversos segmentos etários, fortalecendo a troca de experiências e o sentimento de união; • orienta trabalhadores — presentes e futuros — nos diversos campos de atuação espírita; • renova as habilidades dos atuais trabalhadores e compartilha experiências aos novos colaboradores; • valoriza as habilidades e talentos dos jovens colaboradores, orientando-os e acompanhando-os na diretriz doutrinária das ações da Casa Espírita; • proporciona o aumento de trabalhadores qualificados; • investe na continuidade, em médio e longo prazo, dos trabalhos desenvolvidos pela Casa Espírita.	• desperta para a oportunidade do trabalho voluntário na seara cristã, contribuindo para a realização de diferentes atividades oferecidas pela Casa Espírita; • participa de um processo permanente de formação para ação no bem, contando com o acompanhamento seguro de pessoas mais experientes; • vivencia o sentido de solidariedade, de responsabilidade e de compromisso com o aprimoramento de si e do meio social; • cria o hábito do estudo que contribui para o autoconhecimento e amplia a capacidade de fazer escolhas; • desenvolve novas competências e habilidades que contribuirão com as atividades que desempenha nos demais contextos sociais; • constrói vínculos de amizade e fortalece as relações sociais; • incentiva a participação e permanência nos grupos de evangelização.

Oportunidade na Casa Espírita + orientação adequada = trabalhador do bem

A necessária oportunidade para servir deve sempre acompanhar a imprescindível orientação, com a adequada formação, aos jovens tarefeiros, a fim de que se prepararem para as atividades que serão abraçadas, respeitando-se a disponibilidade, a área de interesse e o perfil para o desenvolvimento da atividade.

Considerando a necessidade de integração do jovem nas atividades do Centro Espírita, observemos algumas recomendações, baseadas no documento *Orientação ao Centro Espírita*, que poderão auxiliar os dirigentes de Casas Espíritas e os coordenadores da Área de Infância e Juventude:

> As atividades dos jovens junto a outros setores, ou fora do Centro Espírita, devem ser sempre orientadas pelo dirigente/coordenador de juventude ou pela diretoria do Centro. [...] Propiciar aos jovens a capacitação para desempenhar atividades no Centro Espírita tais como: colaboração nas aulas para crianças, prestação de serviços nos setores de secretaria, tesouraria, informática e atividades assistenciais; colaboração nas reuniões públicas, doutrinárias, quer ocupando a tribuna, quer realizando outras atividades programadas para essas reuniões, e ajudar na divulgação da Doutrina (FEB/CFN, 2007).

Nesse sentido, deve-se estimular o conhecimento, a formação e a participação dos jovens nas diversas áreas das Instituições Espíritas, abrangendo a comunicação social, o atendimento, a assistência e promoção social, a mediunidade, a infância e juventude, as áreas de estudos e de administração, de acordo com o interesse e o preparo dos jovens.

Conforme nos aponta Emmanuel (XAVIER, 2010c), "a juventude pode ser comparada à esperançosa saída de um barco para viagem importante. A infância foi a preparação, a velhice será a chegada ao porto. Todas as fases requisitam as lições dos marinheiros experientes, aprendendo-se a organizar e a terminar a viagem com o êxito desejável."

Trabalhemos, pois, apontando caminhos e caminhando juntos, para que a juventude encontre êxito nessa importante viagem reencarnatória.

Com a palavra, o jovem!

A Doutrina Espírita foi aquela com que eu mais me identifiquei por responder melhor as minhas dúvidas sobre a vida, o mundo! Hoje trabalho com a evangelização infantil, com a qual me sinto inteiramente feliz, por eu amar incondicionalmente as crianças! Acima de tudo, aprendo diariamente no Espiritismo a lidar com as minhas más inclinações e a amar o meu próximo.
Mariana Luiza, 15 anos

A Doutrina Espírita é meu guia de vida. É com o pensamento doutrinário que tomo decisões, reflito sobre mim mesmo e foi dentro do Movimento Espírita que conheci amigos com ideias semelhantes às minhas e com muita boa vontade para trabalhar com Jesus.
Gabriel, 19 anos

PARTE 2

DIRETRIZES PARA A AÇÃO EVANGELIZADORA ESPÍRITA DA JUVENTUDE

Já passei por várias religiões e nenhuma se compara com o acolhimento e o esclarecimento ímpar que a Doutrina tem. E dentro de cada Casa, tem um trabalho voluntário que nos ajuda a pôr em prática tudo que aprendemos. A Doutrina é importante também, pois me fez melhorar como adolescente e entender de maneira lógica e racional o que eu passava, quem eu era e que, sim, eu tenho uma jornada de milênios nas costas e do infinito à frente.
Bernardo, 18 anos

A Doutrina Espírita é importante pra conscientização dos meus atos. A pessoa que acha que vive uma vida só não tem motivos suficientes pra se preocupar tanto com as coisas que faz, já que não acredita no pós-vida. Além disso, tenho mais base pra minha fé, porque ela é raciocinada.
Maysa, 15 anos

CAPÍTULO 1

BREVE HISTÓRIA

As ações federativas voltadas para a infância e para a juventude fundamentam-se nos documentos orientadores oriundos do Conselho Federativo Nacional e de sua Área de Infância e Juventude.

Considerando-se que o Movimento Espírita tem por missão promover e realizar o estudo, a divulgação e a prática da Doutrina Espírita junto a todos, o Plano de Trabalho para o Movimento Espírita Brasileiro 2013-2017 (FEB/CFN, 2012a) apresenta diretrizes e objetivos que abrangem todos os campos de ação federativa. Das oito diretrizes contempladas, sete apresentam implicação direta com as ações desenvolvidas pela Área de Infância e Juventude.

Inspirados e fundamentados no referido plano de trabalho, a Área de Infância e Juventude consolidou, em 2012, com a participação efetiva das 27 Entidades Federativas Estaduais, o Plano de Trabalho para a Área de Infância e Juventude 2012-2017 (FEB/CFN, 2012b), tendo como foco maior o pleno alcance dos objetivos da evangelização espírita infantojuvenil, organizados nas diretrizes:

1. Dinamização da campanha permanente de evangelização espírita infantojuvenil;
2. Capacitação dos trabalhadores da evangelização espírita infantojuvenil;
3. Organização e funcionamento da evangelização espírita infantojuvenil no Centro Espírita.

No ano de 2013, foi elaborado, também com a participação coletiva das Entidades Federativas de todos os estados do Brasil, o documento *Subsídios para a ação evangelizadora espírita da juventude*, de que derivou o documento *Diretrizes para as ações da juventude espírita do Brasil*, ambos em pleno desenvolvimento, difusão e estudo por parte dos jovens, evangelizadores e trabalhadores da seara espírita.

Ao longo do ano de 2014, as Entidades Federativas Estaduais foram convidadas a estudar a situação da criança e a da família no Centro Espírita e encaminhar contribuições, que foram consolidadas pela Área de Infância e Juventude do CFN/FEB e apresentadas durante a reunião ordinária do Conselho Federativo Nacional, no mês de novembro do mesmo ano.

Com base na multiplicidade de propostas e reflexões compartilhadas, as contribuições dos estados foram organizadas em princípios norteadores, de caráter basilar e transversal, e em diretrizes nacionais, de caráter operacional e abrangente, objetivando ao contínuo fortalecimento da tarefa nos Centros Espíritas e em âmbito federativo.

Em 2015, durante o VII Encontro Nacional da Área de Infância e Juventude, consolidaram-se, com a efetiva participação dos estados representados, o documento orientador da infância — *Orientação para a ação evangelizadora espírita da infância: subsídios e diretrizes* — e o documento orientador da juventude — *Orientação para a ação evangelizadora espírita da juventude: subsídios e diretrizes* —, submetidos e aprovados pelo Conselho Federativo Nacional do mesmo ano.

Como instrumento de organização de ações para o alcance dos objetivos comuns, o presente documento apresenta-se como estratégia de atuação favorável à ação federativa e dos Centros Espíritas, por fortalecer e potencializar a união e a unificação de propósitos na Área de Infância e Juventude, bem como por permitir a consolidação conjunta de diretrizes, objetivos e ações estratégicas por meio do intercâmbio de experiências e do apoio mútuo.

CAPÍTULO 2

PRINCÍPIOS NORTEADORES E DIRETRIZES NACIONAIS PARA AS AÇÕES DA JUVENTUDE

Considerando-se:

a) A responsabilidade do Movimento Espírita de difundir a Doutrina Espírita por meio de seu estudo, prática e divulgação, colocando-a ao alcance de todos, indistintamente;

b) A abrangência do apoio das Entidades Federativas Estaduais junto às Instituições Espíritas da capital e do interior dos estados;

c) A busca do pleno alcance dos objetivos da evangelização, a saber:

» promover a integração do evangelizando consigo mesmo, com o próximo e com Deus;

» proporcionar o estudo da lei natural que rege o universo e da "natureza, origem e destino dos Espíritos bem como de suas relações com o mundo corporal" (KARDEC, 2006, Preâmbulo); e

» oferecer ao evangelizando a oportunidade de perceber-se como ser integral, crítico, consciente, participativo, herdeiro de si mesmo, cidadão do universo, agente de transformação de seu meio, rumo a toda perfeição de que é suscetível.[13]

d) A importância da continuidade dos processos de planejamento e avaliação das atividades evangelizadoras que visam ao alcance dos objetivos da evangelização;

e) A relevância de se fortalecerem vínculos e se organizarem espaços junto à família, mediante a sua responsabilidade de conduzir pela

---

13 FEDERAÇÃO ESPÍRITA BRASILEIRA. *Currículo para as escolas de evangelização espírita infantojuvenil*. Rio de Janeiro: FEB, 2007.

senda do bem as crianças e os jovens confiados por Deus à sua guarda (KARDEC, 2003, q. 582);

f) A necessária preparação dos evangelizadores para se garantir o zelo doutrinário, pedagógico, organizacional e relacional que deve permear a prática da evangelização junto às crianças, aos jovens e aos familiares;

g) A integração da tarefa de evangelização junto às demais áreas e atividades desenvolvidas pelas instituições espíritas;

sugere-se que o trabalho federativo da Área de Infância e Juventude voltado para as ações da juventude seja desenvolvido com base nos seguintes princípios norteadores e a partir das seguintes diretrizes nacionais:

2.1 Princípios norteadores

» **Concepção**: fortalecimento da *concepção de jovem* como Espírito imortal, integral, com experiências pretéritas e futuras, e ativo em seu processo de desenvolvimento, aprendizagem e evolução espiritual.

» **Abrangência**: reconhecimento da ação evangelizadora abrangendo espaços de estudo doutrinário e vivência do Evangelho; de convivência familiar; de vivência e ação social; de confraternização; de comunicação social; de integração nas atividades do Centro e do Movimento Espírita.

» **Contextualização**: desenvolvimento das ações a partir da realidade dos jovens e dos contextos socioculturais da família, da Instituição Espírita e da comunidade.

» **Formação integral:** consideração dos eixos estruturantes e integradores da tarefa, com foco no conhecimento doutrinário, no aprimoramento moral e na transformação social; bem como a organização dos espaços de aprendizagens e interações sociais inspirados na integralidade do ser.

» **Integração:** articulação e integração das ações desenvolvidas no Centro e no Movimento Espírita, envolvendo infância, juventude, família e demais públicos e setores.

2.2 Diretrizes para as ações da juventude espírita

Diretriz 1 – Ação do jovem espírita

Objetivo

Possibilitar aos jovens momentos de estudo, aprendizado, ação, integração, troca de experiências e vivências, proporcionando espaço para o protagonismo juvenil na juventude/mocidade espírita, no Centro Espírita, no Movimento Espírita e na sociedade.

Justificativas

» O jovem não é promessa para o futuro, mas força realizadora no presente;

» A essência do "protagonismo juvenil"[14] é permitir ao jovem não só a oportunidade de fazer parte (postura passiva), mas principalmente de tomar parte (postura ativa) nas atividades e realizações dos Centros Espíritas e do Movimento Espírita;

» Para que o jovem possa bem desenvolver suas atividades na juventude/mocidade espírita, no Centro Espírita e no Movimento Espírita, é fundamental que o adulto o apoie, prestigie e oriente suas ações. É cumprir o dever de acolher e orientar as novas gerações, favorecendo, assim, a continuidade dos trabalhos e a edificação do homem de bem.

Ações e projetos

1. Espaços de estudo

» Proporcionar espaços organizados na Instituição Espírita voltados para o estudo, a reflexão e a vivência da Doutrina Espírita, por meio de metodologias adequadas e da contextualização ao cotidiano da vida jovem;

---

14 Ver concepção de protagonismo juvenil no item "O jovem e seu protagonismo" do presente documento.

» Favorecer ao jovem o conhecimento mais aprofundado da Doutrina Espírita e a vivência mais próxima do Movimento Espírita, permitindo unir cabeças, corações e mãos em prol da promoção do bem e da construção da paz.

2. Espaços de confraternização

» Estimular a participação e ação dos jovens em confraternizações/encontros de juventude/mocidade espírita, visto que essas ações representam espaços de fortalecimento dos vínculos de integração, afeto e aprendizagem entre os jovens, colaboradores e família, levando-se em consideração a finalidade de estudo conjunto, convívio e prática dos ensinamentos espíritas em níveis local, regional, estadual, inter-regional e nacional;

» Realizar atividades de integração e troca de experiências entre duas ou mais juventudes/mocidades espíritas e no Movimento Espírita em geral;

» Propiciar a participação de jovens em encontros, intercâmbios entre Instituições Espíritas, excursões/visitas, congressos e confraternizações, que favoreçam ao jovem vivenciar a dimensão do Movimento Espírita;

» Realizar a Confraternização Brasileira de Juventudes Espíritas (Conbraje) em todas as regiões do país, de acordo com as deliberações das comissões regionais do CFN da FEB, com periodicidade de acordo com as deliberações das comissões regionais do CFN da FEB;

» Estudar meios para viabilizar a realização de Conbraje em nível nacional, respeitando-se a periodicidade das Conbrajes regionais, com base nas deliberações do CFN da FEB.

3. Espaços de vivência e ação social

» Propiciar a atuação dos jovens em ações sociais, implementadas pelo Centro e pelo Movimento Espírita, voltadas para a prática da caridade e transformação social;

» Estimular visitas a instituições sociais, participação em campanhas e ações coletivas voltadas para a defesa da vida, dentre outras ações, reconhecendo-as como fenômenos de articulação em torno de causas solidárias, por meio de redes sociais e movimentos pacíficos de mobilização;

» Estimular a participação dos jovens em atividades inter-religiosas e em oportunidades de intercâmbio com outros movimentos religiosos de juventude.

4. Espaços de comunicação social

» Propiciar a participação dos jovens na área de comunicação social espírita do Centro e do Movimento Espírita;

» Viabilizar o acesso e a capacitação de evangelizadores/coordenadores de juventude/mocidade espírita para a implementação das tecnologias de comunicação como recursos pedagógicos, de integração e intercâmbio;

» Identificar meios e veículos de comunicação, de acordo com a realidade de cada Centro Espírita, considerando-se o público-alvo e as características da mensagem, linguagem e canais/mídias mais eficazes.

5. Espaços de integração do jovem no Centro e no Movimento Espírita

» Considerar a necessidade de integração do jovem nas atividades do Centro Espírita, observando algumas recomendações, baseadas no documento *Orientação ao Centro Espírita*, que poderão auxiliar os dirigentes de Centros Espíritas e os evangelizadores/coordenadores de juventude/mocidade espírita:

> As atividades dos jovens junto a outros setores, ou fora do Centro Espírita, devem ser sempre orientadas pelo dirigente/coordenador de juventude ou pela diretoria do Centro.
>
> Propiciar aos jovens a capacitação para desempenhar atividades no Centro Espírita tais como: colaboração nas aulas para crianças, prestação de serviços nos setores de secretaria, tesouraria, informática e atividades assistenciais; colaboração nas reuniões públicas, doutrinárias, quer ocupando a tribuna, quer realizando outras atividades programadas para essas reuniões, e ajudar na divulgação da Doutrina (FEB/CFN, 2007).

» Estimular a participação dos jovens na organização e no funcionamento (gestão) da juventude/mocidade espírita;

» Estimular o conhecimento e a participação do jovem nas diversas áreas da Instituição Espírita — comunicação social espírita, atendimento espiritual, assistência e promoção social espírita, mediunidade, infância e juventude, áreas de estudos e de administração —, oferecendo orientação e preparo de acordo com suas especificidades;

» Propiciar o envolvimento dos jovens em ações específicas, de acordo com seu interesse e preparo, como: coordenação de reunião pública de acordo com a programação do Centro Espírita; realização de palestras em reuniões públicas; apresentações artísticas coerentes com o *Plano de Trabalho para Espiritismo e Arte*; atuação na área de tecnologia e comunicação nas atividades no Centro e no Movimento Espírita, dentre outras;

» Propiciar condições para a participação e atuação dos jovens em eventos e nas instâncias de trabalho do Movimento Espírita.

6. Espaços de convivência familiar

» Promover espaços de acolhimento e de convivência familiar no Centro Espírita como ação relevante para o fortalecimento dos vínculos entre seus membros e entre esses e a Instituição;

» Proporcionar aos jovens e seus familiares momentos de confraternização dentro e fora do Centro Espírita;

» Promover eventos voltados para pais e familiares dos jovens que abordem a importância do acompanhamento e da participação ativa da família nas ações da juventude/mocidade espírita;

» Estimular a participação do jovem na atividade de Evangelho no lar, destacando-se a importância desse espaço de convivência para o estudo conjunto, o compartilhamento de ideias/experiências e estreitamento dos vínculos afetivos e espirituais que permeiam a vida familiar;

» Incentivar a convivência familiar harmônica e integrada, pautada no respeito à diversidade religiosa.

Diretriz 2 – Formação dos trabalhadores da juventude/mocidade espírita

Objetivos

» Promover formação inicial e continuada aos trabalhadores da juventude/mocidade espírita;

» Identificar os potenciais trabalhadores e as lideranças juvenis e capacitá-las para assumirem atribuições e responsabilidades na juventude/mocidade espírita, no Centro e no Movimento Espírita.

Justificativas

» O trabalho une todos. A divisão harmônica de tarefas e responsabilidades, considerando uma coordenação participativa e integrada, favorece o crescimento do indivíduo e fortalece o grupo como coletividade. Assim, é judicioso capacitar os jovens e os trabalhadores para as ações a serem desenvolvidas na juventude/mocidade espírita, no Centro e no próprio Movimento Espírita;

» "Capacitemo-nos de que o estudo reclama esforço de equipe. [...] Estudar para aprender. Aprender para trabalhar. Trabalhar para servir sempre mais." (ANDRÉ LUIZ – XAVIER e VIEIRA, 2013).

» Busca constante da garantia do alcance dos objetivos e da qualidade da tarefa, reconhecendo que "com Jesus nos empreendimentos do amor e com Kardec na força da verdade, teremos toda a orientação aos nossos passos, todo equilíbrio à nossa conduta" (BEZERRA DE MENEZES – DUSI, 2015).

Ações e projetos

» Promover cursos de formação inicial e continuada para jovens e trabalhadores do Centro Espírita com vistas às ações a serem desenvolvidas na juventude/mocidade espírita;

» Realizar encontros visando à troca de experiências e ao aprimoramento pedagógico-doutrinário;

» Produzir e disponibilizar material específico que contemple subsídios para estruturação, funcionamento e dinamização da juventude/mocidade espírita.

Diretriz 3 – Organização e funcionamento da juventude/mocidade espírita

Objetivo

Estruturar ordenadamente a gestão e as atividades da juventude/mocidade espírita, primando pelos objetivos da tarefa e considerando a efetiva participação e o engajamento dos jovens na concepção, no planejamento, na realização e na avaliação das ações.

Justificativa

Toda pessoa que integra um núcleo de trabalho (equipe/grupo) tem necessidade de se sentir útil, de ser considerada e de ser partícipe na realização das atividades e dos interesses comuns. Na juventude/mocidade espírita, o jovem apresenta essa mesma necessidade, a qual, uma vez contemplada, fará com que ele se comprometa com a organização e com o pleno funcionamento da juventude/mocidade espírita de que faz parte.

Ações e projetos

Organização

» Criar na Área Nacional de Infância e Juventude das Comissões Regionais do CFN da FEB uma coordenação adjunta de infância e uma coordenação adjunta de juventude, de modo a garantir o investimento simultâneo nas ações espíritas a ambos os públicos. A mesma providência poderá ser viabilizada pelas Entidades Federativas Estaduais;

» Estimular, nas juventudes/mocidades espíritas, a participação e a integração do jovem na organização e no funcionamento de suas atividades;

» Propiciar o compartilhamento de atribuições e responsabilidades na concepção, no planejamento, na realização e na avaliação das atividades da juventude/mocidade espírita.

Funcionamento/atividades

» Conhecer as características, os interesses e as necessidades dos jovens, considerando-se os contextos culturais e sociais que vivenciam, visando à estruturação e contextualização do programa temático;

» Elaborar programa temático flexível e com sequência organizada de acordo com os centros de interesse dos jovens da juventude/mocidade espírita, adotando-se dinamismo metodológico e tecnológico e com contextualização dos ensinos doutrinários e promoção da reflexão crítica;

» Favorecer ação inclusiva do jovem e sua preparação, com integração nas diferentes áreas e atividades do Centro e do Movimento Espírita, de acordo com seu interesse;

» Oferecer atividades de estudo entrelaçadas com a prática (conduta espírita), mais centradas nos processos de interação (relacional) que nos resultados;

» Incentivar o estudo da Doutrina Espírita com vistas ao aprimoramento moral e à melhoria das relações com o próximo e com o meio em que vive;

» Estimular a participação e realização de atividades artísticas e culturais;

» Promover práticas de vivência e ação social;

» Promover confraternizações entre os jovens por meio de encontros de convivência, expressões artísticas, atividades culturais e esportivas;

» Realizar planejamento e avaliação das ações;

» Adequar as atividades da juventude/mocidade espírita à realidade e às possibilidades da Instituição.

Diretriz 4 – Dinamização das ações federativas com a juventude espírita

Objetivo

» Dinamizar as ações federativas voltadas para a juventude espírita em âmbito nacional, regional, estadual, microrregional, municipal e local, fortalecendo o intercâmbio e o compartilhamento de ideias, projetos e ações;

» Fundamentado nos princípios norteadores da tarefa, favorecer o desenvolvimento e a dinamização das ações evangelizadoras em âmbito federativo relativas à juventude espírita, oportunizando a construção coletiva e o desenvolvimento integrado de ações e projetos voltados para o público jovem, com atuação do jovem, dos evangelizadores/coordenadores, dos familiares e dirigentes.

Justificativas

O documento *Orientação aos órgãos de unificação* (FEB/CFN, 2010b) afirma que a "gestão das Entidades Federativas e de seus Órgãos" deve comportar ações estratégicas que visem: "a) a difusão da Doutrina Espírita, o estímulo ao estudo e à prática do Espiritismo, com base nas obras da Codificação Espírita e a sua integração na sociedade; b) a união fraterna entre as instituições espíritas, os espíritas e os demais setores da sociedade civil e religiosa; c) o trabalho em equipe; e d) a preparação de trabalhadores", ações que podem contar com a participação e integração dos jovens.

Allan Kardec orienta:

> Nem todos os que se dizem espíritas pensam do mesmo modo sobre todos os pontos; a divisão existe, de fato, e é muito mais prejudicial, porque pode acontecer que não se saiba se, num espírita, está um aliado ou um antagonista. O que faz a força é a universalidade: ora, uma união franca não poderia existir entre pessoas interessadas, moral ou materialmente, em não seguir o mesmo caminho e que não objetivam o mesmo fim. Dez homens unidos por um pensamento comum são mais fortes do que cem que não se entendam (KARDEC, 2005b).

Kardec afirma, em relação às atividades a serem desenvolvidas pelos diversos órgãos, que os

> [...] grupos, correspondendo-se entre si, visitando-se, permutando observações, podem, desde já, formar o núcleo da grande família espírita, que um dia consorciará todas as opiniões e unirá os homens por um único sentimento: o da fraternidade, trazendo o cunho da caridade cristã (KARDEC, 2002).

Emmanuel alerta-nos:

> É imperioso anotar, contudo, que toda a formação espírita guarda raízes nas fontes do Cristianismo simples e claro, com finalidades morais distintas, no aperfeiçoamento da alma, expressando aquele Consolador que Jesus prometeu aos tempos novos (XAVIER, 2006b).

Ações e projetos

» Mapear e caracterizar o desenvolvimento das atividades da juventude espírita nas Instituições Espíritas do estado, identificando ações para seu fortalecimento permanente;

» Promover o compartilhamento de ações, projetos e diretrizes relativos à juventude espírita junto aos Órgãos de Unificação e Centros Espíritas do estado, ressaltando a importância da articulação com as demais áreas de trabalho do Movimento Espírita;

» Organizar a publicação e disponibilização de documento orientador voltado para a juventude espírita, de forma colegiada e integrada às demais áreas do Movimento Espírita;

» Organizar acervo (banco) de compartilhamento de atividades e vivências exitosas das ações da juventude espírita em âmbito local, estadual e nacional;

» Oportunizar encontros regionais, estaduais e/ou interestaduais de jovens espíritas e de trabalhadores da juventude/mocidade espírita, bem como eventos direcionados para a juventude e para a família, voltados para o estudo, o compartilhamento de experiências e a divulgação das atividades desenvolvidas;

» Disponibilizar aos Órgãos de Unificação regionais, locais e Centros Espíritas os materiais existentes relacionados à Campanha Permanente de Evangelização Espírita Infantojuvenil (cartazes, *folders*, vinhetas etc.), promovendo seu conhecimento e estudo;

» Realizar reuniões com as coordenações de juventude dos Órgãos de Unificação do movimento federativo em âmbito estadual e regional, objetivando o planejamento de ações articuladas e integradas com vistas ao fortalecimento da tarefa nos Centros Espíritas;

» Estimular a integração entre os Centros Espíritas do estado, bem como com os Órgãos de Unificação regionais e/ou locais e com as Entidades Federativas de âmbito estadual e nacional;

» Promover o intercâmbio de experiências entre as juventudes dos Centros Espíritas, potencializando sua comunicação e o fortalecimento do Movimento Espírita estadual;

» Constituir e preparar equipes de apoio federativo para auxiliar e acompanhar os Órgãos de Unificação regionais e/ou locais e as Instituições Espíritas do estado na implantação e implementação das atividades com a juventude espírita, estimulando a conscientização acerca da relevância da Doutrina Espírita, do Movimento Espírita, da Instituição Espírita e da ação evangelizadora, como contributo para a regeneração da humanidade e para o êxito da missão espiritual do Brasil;

» Incentivar a participação dos jovens em encontros regionais e eventos (congressos, cursos, seminários, fóruns) organizados pelas Entidades Federativas Estaduais e Órgãos de Unificação Regionais;

» Divulgar, periodicamente, por meios de comunicação impressa e/ou virtual, bem como em eventos federativos, as ações exitosas desenvolvidas pelos Órgãos de Unificação regionais e/ou locais e Centros Espíritas do estado junto aos jovens;

» Estabelecer rotinas ou participar de comunicação permanente com os coordenadores de juventude espírita nos Centros Espíritas e com os Órgãos de Unificação locais, regionais, estaduais e nacional, utilizando diferentes estratégias e meios de comunicação (físicos e virtuais), de modo a favorecer o intercâmbio de experiências e o fortalecimento dos vínculos;

» Fortalecer a articulação entre as Áreas de Infância e Juventude, Família, Comunicação Social, Promoção Social Espírita e demais áreas de atuação do Movimento Espírita, no planejamento de ações voltadas para a divulgação da ação evangelizadora e do atendimento integral ao jovem no Centro Espírita;

» Sensibilizar e estimular a conscientização dos responsáveis pela Área de Infância e Juventude nas Entidades Federativas, nos Órgãos de Unificação e nos Centros Espíritas acerca da importância da adequada organização documental das ações desenvolvidas, sejam elas de cunho administrativo, pedagógico ou doutrinário, de âmbito institucional ou federativo, em meio físico e/ou virtual, visando ao acesso, consulta, pesquisa e conhecimento por parte da coordenação atual e futura da tarefa;

» Incentivar a participação das instituições federativas como representantes nos conselhos de direitos da criança e do adolescente, de educação, inter-religiosos e outros espaços da comunidade, considerando a ação evangelizadora espírita como proposta de formação ética e de vivência dos postulados cristãos;

» Contribuir com movimentos sociais a favor da vida e da promoção da paz (campanhas "Em defesa da vida", "Construamos a paz, promovendo o bem", "O melhor é viver em família: aperte mais esse laço",

"Evangelho no lar e no coração" e de prevenção à violência e ao uso de drogas, dentre outras);

» Incentivar o uso da literatura e o desenvolvimento de expressões artísticas, bem como seu intercâmbio, como ferramentas de estudo, prática e difusão da Doutrina Espírita pelo jovem.

CAPÍTULO 3

DINAMIZAÇÃO DAS AÇÕES COM OS JOVENS, EVANGELIZADORES/ COORDENADORES, DIRIGENTES E FAMILIARES

As ações a seguir apresentadas constituem estratégias consonantes com as diretrizes expostas e representam a síntese das discussões e dos compartilhamentos realizados pelos dirigentes da Área de Infância e Juventude das Entidades Federativas Estaduais nas reuniões das Comissões Regionais do Conselho Federativo Nacional da FEB. Várias outras ações poderão derivar das ora apresentadas, fundamentadas no propósito de potencializar as atividades da juventude/mocidade espírita nas Instituições Espíritas.

As ações foram subdivididas entre os diferentes públicos que integram o processo, a saber:

AÇÕES COM OS JOVENS	AÇÕES COM OS EVANGELIZADORES/ COORDENADORES
JUVENTUDE ESPÍRITA	
AÇÕES COM OS DIRIGENTES	AÇÕES COM AS FAMÍLIAS

3.1 Ações com os jovens

» Propiciar, com os jovens, espaços de estudo da Doutrina Espírita e compartilhamento de experiências nos Centros Espíritas;

» Organizar confraternizações e encontros locais, regionais, estaduais, inter-regionais e nacionais, considerando-se a periodicidade e a abrangência, visando ao fortalecimento da juventude/mocidade espírita, por meio de espaços de convivência e confraternização, pautados no estudo do Espiritismo e na vivência do Evangelho de Jesus;

» Dinamizar momentos de estudo e confraternização nos Centros Espíritas por meio de metodologias interativas e atrativas ao público juvenil, zelando pela dimensão espiritual e pelos objetivos da tarefa;

» Incentivar o intercâmbio entre juventudes/mocidades de Centros Espíritas por meio de visitas, encontros, excursões etc.;

» Estimular contatos mais diretos com os jovens por meio de ferramentas de comunicação eficazes, considerando as atuais tecnologias de informação e a Internet (*sites*, *e-mails*, *blogs*, redes sociais etc.);

» Estimular a participação e a colaboração de jovens em atividades, eventos e instâncias de trabalho do Centro e do Movimento Espírita;

» Estimular a participação dos jovens em atividades inter-religiosas e em oportunidades de intercâmbio com outros movimentos religiosos de juventude;

» Estimular a participação dos jovens em ações de transformação social, voltadas para causas solidárias, prática da cidadania e promoção do bem, consonantes com a Doutrina Espírita.

3.2 Ações com os dirigentes

» Sensibilizar os dirigentes para a importância de implementar e ofertar encontros semanais de juventude/mocidade voltados para o estudo da Doutrina Espírita e para a confraternização, bem como para apoiar a equipe de trabalhadores do Centro Espírita em suas necessidades;

» Sensibilizar os dirigentes para estimular o protagonismo juvenil, visando oportunizar espaços de ação dos jovens no Centro Espírita, oferecendo-lhes a devida orientação e acompanhamento por parte dos trabalhadores e gestores mais experientes;

» Estimular a participação eventual ou a convite dos evangelizadores/coordenadores nos encontros de estudo para integração e desenvolvimento temático com os jovens;

» Desenvolver ações federativas para sensibilização de dirigentes, aproveitando, quando possível, a organização federativa existente no próprio estado por meio dos Conselhos/Comissões Regionais;

» Sensibilizar os dirigentes para viabilizar a participação e colaboração de jovens em eventos nas instâncias do Centro e do Movimento Espírita.

3.3 Ações com os evangelizadores/coordenadores

» Oferecer formação inicial e continuada de evangelizadores/coordenadores sobre assuntos relacionados às ações com a juventude espírita, primando pela qualidade doutrinária, relacional, pedagógica e organizacional;

» Promover encontros sistemáticos para discussão de problemas e dificuldades pontuais e para troca de experiências, objetivando a reflexão em grupo e auxiliando na construção de uma nova cultura de avaliação, focada no crescimento conjunto e na cooperação;

» Estimular a formação de multiplicadores para atender às demandas de cursos, seminários e capacitações de evangelizadores/coordenadores nos Centros Espíritas, de modo a fortalecer e potencializar a rede federativa;

» Promover encontros de confraternização e convivência que propiciem a construção de vínculos afetivos e o fortalecimento de laços de fraternidade que contribuirão para a formação de equipes de trabalho.

3.4 Ações com as famílias

» Promover e organizar momentos voltados para a convivência familiar, por meio de encontro entre jovens e familiares, com o intuito de fortalecer os laços de família e o (re)conhecimento afetivo;

» Promover e organizar grupos de pais e familiares/reuniões de estudos de temas familiares à luz do Espiritismo, oportunizando reflexões e diálogos para aproximação das famílias no Centro Espírita;

» Sensibilizar as famílias quanto à importância de apoiar e incentivar o jovem a frequentar e se comprometer com as atividades da juventude/mocidade espírita e do Centro Espírita, bem como convidá-las a se integrarem nas atividades oferecidas pela Instituição Espírita;

» Sensibilizar e incentivar as famílias e seus membros e participarem da reunião de Evangelho no lar.

CAPÍTULO 4

DESENVOLVIMENTO, ACOMPANHAMENTO E AVALIAÇÃO

Os princípios norteadores e as diretrizes nacionais para ações da juventude espírita, como resultado de construção coletiva e de participação efetiva das unidades federativas do país, representam relevante documento orientador. As diretrizes contemplam os objetivos da tarefa e constituem bússola norteadora das ações e dos investimentos junto ao público jovem. As ações estratégicas representam, por sua vez, mapeamento de caminhos possíveis para o alcance dos objetivos, a título sugestivo e ilustrativo, visando ao fortalecimento permanente e à qualidade crescente da tarefa da evangelização.

As ações da juventude espírita podem e devem ser potencializadas constantemente, em todas as instâncias do Movimento Espírita (Centros Espíritas, Órgãos de Unificação locais e/ou regionais, Entidades Federativas Estaduais e Nacional), de modo a promover a efetividade das ações e o pleno alcance dos objetivos propostos.

Observa-se que os princípios norteadores e as diretrizes apresentadas constituem instrumento de referência nacional para o delineamento das ações em âmbito estadual, contribuindo para a elaboração de planos de ação e projetos de abrangência federativa (Órgãos de Unificação), ou em âmbito de Centro Espírita, que deverão considerar as especificidades, potencialidades, necessidades e culturas locais, sugerindo-se a constante avaliação das ações desenvolvidas com vistas ao pleno alcance dos objetivos das ações junto à juventude espírita.

4.1 Recomendações

Visando à organização e à efetividade das diretrizes estabelecidas, recomendamos que:

- » Sejam elaboradas estratégias de planejamento, acompanhamento e avaliação das diretrizes;
- » Busque-se articular e integrar as ações direcionadas para a infância, a juventude e a família, e estas às demais atividades/setores da Instituição Espírita;
- » Seja considerada, em sua operacionalização, a diversidade sociocultural da população;
- » Sua implantação e/ou a implementação abranja a capital e o interior dos estados.

PALAVRAS FINAIS

Com a palavra, o jovem!

Respostas dos jovens à pergunta:

"Jovem, qual a importância da Doutrina Espírita para você?"[15]

> *[Doutrina Espírita] É uma bússola. Não me impede de me perder, visto que isso depende só de mim, mas mostra onde devo ir para retornar ao caminho certo.*
> ALINE, 18 ANOS

> *[Doutrina Espírita] É uma base na qual construo meus pensamentos e ações.*
> MAHARA, 14 ANOS

> *A Doutrina Espírita é a minha vida. Não consigo imaginar por quais caminhos estaria sem seu apoio, seu esclarecimento, uma vez que os convites são muitos.*
> THIAGO, 17 ANOS

> *A Doutrina Espírita é responsável por 50% do meu caráter e acho que até o final da minha vida chegará aos 80%.*
> CRISTIANO, 19 ANOS

> *Ela [Doutrina Espírita] tem real importância em minha vida, pois nos mostra a razão e a fé como a verdade. Mostra-nos o que é certo, o que é errado, as consequências, olha o homem como ser para progredir, [...] que não nos tornaremos perfeitos da noite para o dia, tudo isso é um processo. [...] Diz-nos que devemos nos conhecer, saber nossas dificuldades, fraquezas, medos, nossos limites, para assim, com nossas pseudovirtudes,*

---

15 Enquete virtual DIJ/FEB, abril a junho de 2013, com a participação de 1.072 respondentes.

com vontade e determinação, alcançarmos nossos objetivos e sempre aprimorando nossa moral através de nossos pensamentos, realizando preces e principalmente na prática, mesmo que seja por disciplina, mas um dia isso partirá de nós através da espontaneidade.

Yuri, 18 anos

[Doutrina Espírita] É a luz que norteia meu caminho e que, mesmo que eu queira buscar caminhos tortuosos, está sempre a brilhar na minha consciência, lembrando-me o que fazer e por onde seguir. É o que me faz buscar a cada dia ser uma pessoa melhor, acreditando sempre em Deus, em Jesus e na companhia contínua dos Espíritos amigos.

Ethiany, 20 anos

A Doutrina Espírita me dá a certeza de que a vida continua, me dá um propósito para melhorar e viver bem na Terra. Me conforta, pois me mostra que existe um Ser soberanamente justo e bom que me vigia, me protege e me dá infinitas oportunidades de melhoria. E também me responsabiliza, pois sei que tudo o que eu faço aqui terá consequências. Me faz ter um objetivo, a perfeição.

Giovana, 14 anos

Poderia escrever uma tese de doutorado sobre a importância do Espiritismo na minha vida, mas basta me imaginar sem o conforto e a noção panorâmica que a Doutrina me oferece: seria um rapaz muito mais intolerante, muito mais materialista, muito mais revoltoso, muito mais preconceituoso e provavelmente ateu. O Espiritismo, pra mim, atenua o choque entre ciência e religião, axiomas e dogmas, veio pra despertar o lado criança, me fazendo questionar o porquê de tudo. Além, é claro, do conforto e das "dicas" ao enfrentar vicissitudes do dia a dia.

Vitor, 18 anos

[Doutrina Espírita] Ajuda a ver a vida de uma forma menos imediatista.

Livia, 20 anos

A Doutrina Espírita é pura bênção em minha vida. Foi através da fé no ideal espírita que eu consegui vencer os desafios que tive até hoje. Penso que, se não fosse a Doutrina Espírita a me esclarecer, eu seria um jovem muito rebelde e não seria quem eu sou hoje. Posso dizer que conheci a verdade (o amor) e ela me libertou.

ANDERSON, 20 ANOS

A Doutrina Espírita é uma das maiores joias da humanidade. Ela apresenta papel fundamental na formação ético-moral de seus simpatizantes, atingindo-os através das suas consciências. Esclarece e educa ao mesmo passo que cativa e acalenta. É peça-chave na evolução de muitos seres. Sendo extremamente lógica, atinge a razão e com isso sedimenta nas consciências a necessidade do melhoramento íntimo a fim de reduzir os sofrimentos [...].

GABRIEL, 17 ANOS

Em uma nota de 0 a 10 para importância da Doutrina Espírita em meu cotidiano, dou nota 10. É importante para compreender melhor a razão de eventos/acontecimentos, o ciclo da vida, de nossa existência, lidar melhor com decisões e situações e também para compreender e saber lidar melhor consigo próprio espiritualmente.

LETÍCIA, 18 ANOS

A Doutrina Espírita, para mim, é de grande importância, pois, quando nos vemos em situações em que o erro é provável, podemos nos pautar nos ensinamentos que nos são passados pela Doutrina para não cairmos no erro. Além disso, ela nos traz uma visão mais clara de um futuro, nos faz refletir sobre os nossos atos que muitas vezes podem não ser os melhores e nos guia para o caminho da caridade e do bem que nos faz pessoas melhores.

KARINA, 20 ANOS

Quem deseja abraçar a Doutrina Espírita tem de deixar as coisas temporais, que ao mundo físico pertencem, porque, ao nos encontramos em seu interior, estamos em busca das verdades espirituais. Diante delas, temos de nos conscientizar de que o mundo físico é um empréstimo de Deus, uma escola onde tentamos aprender a conviver uns com os outros.

GEILIELLE, 14 ANOS

A Doutrina Espírita é de suma importância para minha vida, pois foi através dela que encontrei o preenchimento do vazio existente em meu coração e a resposta de muitas perguntas.

MARINA, 20 ANOS

Em resumo, a Doutrina Espírita é a base de toda e qualquer decisão/escolha em minha vida. Com ela compreendo motivos, valores e desafios de minha existência.

Lucas, 17 anos

A Doutrina Espírita abriu a minha mente para a existência de uma vida além desta. Me ajudou a sair dos limites da matéria, visando a uma vida melhor no futuro. Me ensinou a querer bem ao meu próximo, mesmo eu nem o conhecendo. Claro que ainda tenho inferioridades, mas a Doutrina Espírita me ajuda a vencer meus defeitos todos os dias.

Mayara, 20 anos

É a Doutrina Espírita que faz eu ter mais força de vontade para corrigir meus erros e buscar ser uma pessoa melhor.

Guilherme, 16 anos

MENSAGENS

O homem de bem

O verdadeiro homem de bem é o que cumpre a lei de justiça, de amor e de caridade, na sua maior pureza. Se ele interroga a consciência sobre seus próprios atos, a si mesmo perguntará se violou essa lei, se não praticou o mal, se fez todo o bem que podia, se desprezou voluntariamente alguma ocasião de ser útil, se ninguém tem qualquer queixa dele; enfim, se fez a outrem tudo o que desejara lhe fizessem.

Deposita fé em Deus, na sua bondade, na sua justiça e na sua sabedoria. Sabe que, sem a sua permissão, nada acontece e se lhe submete à vontade em todas as coisas.

Tem fé no futuro, razão por que coloca os bens espirituais acima dos bens temporais.

Sabe que todas as vicissitudes da vida, todas as dores, todas as decepções são provas ou expiações e as aceita sem murmurar.

Possuído do sentimento de caridade e de amor ao próximo, faz o bem pelo bem, sem esperar paga alguma; retribui o mal com o bem, toma a defesa do fraco contra o forte e sacrifica sempre seus interesses à justiça.

Encontra satisfação nos benefícios que espalha, nos serviços que presta, no fazer ditosos os outros, nas lágrimas que enxuga, nas consolações que prodigaliza aos aflitos. Seu primeiro impulso é para pensar nos outros, antes de pensar em si, é para cuidar dos interesses dos outros, antes do seu próprio interesse. O egoísta, ao contrário, calcula os proventos e as perdas decorrentes de toda ação generosa.

O homem de bem é bom, humano e benevolente para com todos, sem distinção de raças, nem de crenças, porque em todos os homens vê irmãos seus.

Respeita nos outros todas as convicções sinceras e não lança anátema aos que como ele não pensam.

Em todas as circunstâncias, toma por guia a caridade, tendo como certo que aquele que prejudica a outrem com palavras malévolas, que fere com o seu orgulho e o seu desprezo a suscetibilidade de alguém, que não recua à ideia de causar um sofrimento, uma contrariedade, ainda que ligeira, quando a pode evitar, falta ao dever de amar o próximo e não merece a clemência do Senhor.

Não alimenta ódio, nem rancor, nem desejo de vingança; a exemplo de Jesus, perdoa e esquece as ofensas e só dos benefícios se lembra, por saber que perdoado lhe será conforme houver perdoado.

É indulgente para as fraquezas alheias, porque sabe que também necessita de indulgência e tem presente esta sentença do Cristo: "Atire-lhe a primeira pedra aquele que se achar sem pecado".

Nunca se compraz em rebuscar os defeitos alheios, nem, ainda, em evidenciá-los. Se a isso se vê obrigado, procura sempre o bem que possa atenuar o mal.

Estuda suas próprias imperfeições e trabalha incessantemente em combatê-las. Todos os esforços emprega para poder dizer, no dia seguinte, que alguma coisa traz em si de melhor do que na véspera.

Não procura dar valor ao seu espírito, nem aos seus talentos, a expensas de outrem; aproveita, ao revés, todas as ocasiões para fazer ressaltar o que seja proveitoso aos outros.

Não se envaidece da sua riqueza, nem de suas vantagens pessoais, por saber que tudo o que lhe foi dado pode ser-lhe tirado.

Usa, mas não abusa dos bens que lhe são concedidos, porque sabe que é um depósito de que terá de prestar contas e que o mais prejudicial emprego que lhe pode dar é o de aplicá-lo à satisfação de suas paixões.

Se a ordem social colocou sob o seu mando outros homens, trata-os com bondade e benevolência, porque são seus iguais perante Deus; usa da sua autoridade para lhes levantar o moral e não para os esmagar com o seu orgulho. Evita tudo quanto lhes possa tornar mais penosa a posição subalterna em que se encontram.

O subordinado, de sua parte, compreende os deveres da posição que ocupa e se empenha em cumpri-los conscienciosamente.

Finalmente, o homem de bem respeita todos os direitos que aos seus semelhantes dão as leis da natureza, como quer que sejam respeitados os seus.

Não ficam assim enumeradas todas as qualidades que distinguem o homem de bem; mas aquele que se esforce por possuir as que acabamos de mencionar, no caminho se acha que a todas as demais conduz.

ALLAN KARDEC (2004, cap. XVII, it. 2)

Missão dos espíritas

Não escutais já o ruído da tempestade que há de arrebatar o velho mundo e abismar no nada o conjunto das iniquidades terrenas? Ah! Bendizei o Senhor, vós que haveis posto a vossa fé na sua soberana justiça e que, novos apóstolos da crença revelada pelas proféticas vozes superiores, ides pregar o novo dogma da *reencarnação* e da elevação dos Espíritos, conforme tenham cumprido, bem ou mal, suas missões e suportado suas provas terrestres.

Não mais vos assusteis! As línguas de fogo estão sobre as vossas cabeças. Ó verdadeiros adeptos do Espiritismo!... Sois os escolhidos de Deus! Ide e pregai a palavra divina. É chegada a hora em que deveis sacrificar à sua propagação os vossos hábitos, os vossos trabalhos, as vossas ocupações fúteis. Ide e pregai. Convosco estão os Espíritos elevados. Certamente falareis a criaturas que não quererão escutar a voz de Deus, porque essa voz as exorta incessantemente à abnegação. Pregareis o desinteresse aos avaros, a abstinência aos dissolutos, a mansidão aos tiranos domésticos, como aos déspotas! Palavras perdidas, eu o sei; mas não importa. Faz-se mister regueis com os vossos suores o terreno onde tendes de semear, porquanto ele não frutificará e não produzirá senão sob os reiterados golpes da enxada e da charrua evangélicas. Ide e pregai! Ó todos vós, homens de boa-fé, conscientes da vossa inferioridade em face dos mundos disseminados pelo Infinito!... lançai-vos em cruzada contra a injustiça e a iniquidade.

Ide e proscrevei esse culto do bezerro de ouro, que cada dia mais se alastra. Ide, Deus vos guia! Homens simples e ignorantes, vossas línguas se soltarão e falareis como nenhum orador fala. Ide e pregai, que as populações atentas recolherão ditosas as vossas palavras de consolação, de fraternidade, de esperança e de paz. Que importam as emboscadas que vos armem pelo caminho! Somente lobos caem em armadilhas para lobos, porquanto o pastor saberá defender suas ovelhas das fogueiras imoladoras.

Ide, homens, que, grandes diante de Deus, mais ditosos do que Tomé, credes sem fazerdes questão de ver e aceitais os fatos da mediunidade, mesmo quando não tenhais conseguido obtê-los por vós mesmos; ide, o Espírito de Deus vos conduz.

Marcha, pois, avante, falange imponente pela tua fé! Diante de ti os grandes batalhões dos incrédulos se dissiparão, como a bruma da manhã aos primeiros raios do sol nascente. A fé é a virtude que desloca montanhas, disse Jesus. Todavia, mais pesados do que as maiores montanhas, jazem depositados nos corações dos homens a impureza e todos os vícios que derivam da impureza. Parti, então, cheios de coragem, para removerdes essa montanha de iniquidades que as futuras gerações só deverão conhecer como lenda, do mesmo modo que vós, que só muito imperfeitamente conheceis os tempos que antecederam a civilização pagã. Sim, em todos os pontos do globo vão produzir-se as subversões morais e filosóficas; aproxima-se a hora em que a luz divina se espargirá sobre os dois mundos.

Ide, pois, e levai a palavra divina: aos grandes que a desprezarão, aos eruditos que exigirão provas, aos pequenos e simples que a aceitarão; porque, principalmente entre os mártires do trabalho, desta provação terrena, encontrareis fervor e fé. Ide; estes receberão, com hinos de gratidão e louvores a Deus, a santa consolação que lhes levareis, e baixarão a fronte, rendendo-lhe graças pelas aflições que a Terra lhes destina. Arme-se a vossa falange de decisão e coragem! Mãos à obra! O arado está pronto; a terra espera; arai!

Ide e agradecei a Deus a gloriosa tarefa que Ele vos confiou; mas, atenção! entre os chamados para o Espiritismo muitos se transviaram; reparai, pois, vosso caminho e segui a verdade.

ALLAN KARDEC (2004, cap. XVII, it. 4)

Alienação infantojuvenil e educação

O surto das alienações mentais infantojuvenil, num crescendo assustador, deve reunir-nos todos em torno do problema urgente, a fim de que sejam tomadas providências saneadoras dessa cruel pandemia.

Nas sórdidas favelas, onde os fatores criminógenos se desenvolvem com facilidade e morbidez; nos agrupamentos escolares, nos quais enxameiam os problemas de relacionamento sem ética, sem estruturação moral; nas famílias em desagregação, por distonias emocionais dos pais, egoístas e arbitrários; nas ruas e praças desportivas, em razão da indiferença dos adultos e dos exemplos perniciosos por eles praticados, as drogas, o sexo, a violência, induzem crianças e jovens ao martírio da alienação mental e do suicídio.

Desamados, quanto indesejados, passam pelas avenidas do mundo esses seres desamparados, objeto de promoção de homens ambiciosos e sem escrúpulos, que deles fazem bandeira de autopromoção e sensibilização das massas, esquecendo-os logo depois de atingidas as metas que perseguem.

Pululam, também, essas vítimas das atuais desvairadas cultura e tecnologia, nos lares ricos e confortáveis de onde o amor se evadiu, substituído pela indiferença e permissividade com que compensam o dever, enganando a floração infantil que emurchece com as terríveis decepções antes do tempo.

Ao lado de todos esses fatores psicossociais, econômicos e morais, destacam-se os espirituais, que decorrem dos vínculos reencarnacionistas que imanam esses Espíritos em recomeço àqueloutros que lhes sofreram danos, prejuízos e acerbas aflições pretéritas, de que não se liberaram.

As disciplinas que estudam a psique, seguramente, penetram na anterioridade do ser ao berço, identificando, na reencarnação, os mecanismos desencadeadores das alienações, seja através dos processos orgânicos e psíquicos ou mediante os conúbios obsessivos.

A obsessão irrompe em toda parte, na condição de chaga aberta no organismo social, convidando as mentes humanas à reflexão.

Desatentos e irrequietos, os homens avançam sem rumo, distanciados ainda de responsabilidades e valores morais.

Urge que a educação assuma o seu papel no organismo social da Terra sofrida destes dias. Educação, porém, no seu sentido profundo, integral, de conhecimento, experiência, hábitos e fé racional. Estruturando o homem nos seus equipamentos de espírito, periespírito e corpo, nele fixando os valores éticos de cuja utilização se enriqueça, conscientizando-se da sua realidade externa e vivendo de forma consentânea com as finalidades da existência terrena, que o levará de retorno à Pátria de origem em clima de paz.

Não se pode lograr êxito, na área da saúde mental como na da felicidade humana, utilizando-se um comportamento que estuda os efeitos sem remontar às causas, erradicando-as em definitivo. Para tanto, é fundamental que o lar se transforme num santuário e a escola dê prosseguimento nobre à estrutura familiar, preparando o educando para a vida social.

Herdeiros de guerras cruéis, remotas e recentes, de crimes contra a humanidade e o indivíduo, os reencarnantes atuais estão atados a penosas dívidas, que o amor e o Evangelho devem resgatar, alterando o comportamento da família e da sociedade, assim poupando o futuro de danos inimagináveis.

Tarefa superior, a da educação consciente e responsável!

Nesse sentido, o conhecimento do Espiritismo, que leva o homem a uma vivência coerente com a dignidade, é a terapia preventiva como curadora para os males que ora afligem a quase todos e, em especial, estiolando a vida infantojuvenil que surge, risonha, sendo jogada nas tribulações e misérias para as quais ainda não se encontra preparada, nem tem condições de compreender, assumindo, antes do tempo, comportamentos adultos, alucinados e infelizes.

Voltemo-nos para a infância e a juventude e leguemo-lhes segurança moral e amor, mediante os exemplos de equilíbrio e de paz, indispensáveis à felicidade deles e de todos nós, herdeiros que somos das próprias ações.

BENEDITA FERNANDES (FRANCO, 1994b)

Mocidade

Foge também dos desejos da mocidade; e segue a justiça, a fé, o amor e a paz com os que, de coração puro, invocam o Senhor.
Paulo (*II Timóteo*, 2:22)

Quase sempre os que se dirigem à mocidade lhe atribuem tamanhos poderes que os jovens terminam em franca desorientação, enganados e distraídos. Costuma-se esperar deles a salvaguarda de tudo.

Concordamos com as suas vastas possibilidades, mas não podemos esquecer que essa fase da existência terrestre é a que apresenta maior número de necessidades no capítulo da direção.

O moço poderá e fará muito se o espírito envelhecido na experiência não o desamparar o trabalho. Nada de novo conseguirá erigir, caso não se valha dos esforços que lhe precederam as atividades. Em tudo, dependerá de seus antecessores.

A juventude pode ser comparada a esperançosa saída de um barco para viagem importante. A infância foi a preparação, a velhice será a chegada ao porto. Todas as fases requisitam as lições dos marinheiros experientes, aprendendo-se a organizar e a terminar a viagem com o êxito desejável.

É indispensável amparar convenientemente a mentalidade juvenil e que ninguém lhe ofereça perspectivas de domínio ilusório.

Nem sempre os desejos dos mais moços constituem o índice da segurança no futuro.

A mocidade poderá fazer muito, mas que siga, em tudo, "a justiça, a fé, o amor e a paz com os que, de coração, puro, invocam o Senhor."

Emmanuel (XAVIER, 2010c)

Jovens

No estudo das ideias inatas, pensemos nos jovens, que somam às tendências do passado as experiências recém-adquiridas.

Com exceção daqueles que renasceram submetidos à observação da patologia mental, todos vieram da estação infantil para o desempenho de nobre destino.

Entretanto, quantas ansiedades e quantas flagelações quase todos padecem, antes de se firmarem no porto seguro do dever a cumprir!...

Ao mapa de orientação respeitável que trazem das esferas superiores, a transparecer-lhes do sentimento, na forma de entusiasmos e sonhos juvenis, misturam-se as deformações da realidade terrestre que neles espera a redenção do futuro.

Muitos saem da meninice moralmente mutilados pelas mãos mercenárias a que foram confiados no berço, e outros tantos acordam no labirinto dos exemplos lamentáveis, partidos daqueles mesmos de quem contavam colher as diretrizes do aprimoramento interior.

Muitos são arremessados aos problemas da orfandade, quando mais necessitavam de apoio amigo, junto de outros que transitam na Terra, à feição das aves de ninho desfeito, largados, sem rumo, à tempestade das paixões subalternas.

Alguns deles, revoltados contra o lodo que se lhes atira à esperança, descem aos mais sombrios volutabros do crime, enquanto outros muitos, fatigados de miséria, se refugiam em prostíbulos dourados para morrerem na condição de náufragos da noite.

Pede-se lhes o porvir, e arruína-se-lhes o presente.

Engrinalda-se-lhes a forma, e perverte-se-lhes a consciência.

Ensina-se-lhes o verbo aprimorado em lavor acadêmico, e dá-se-lhes na intimidade a palavra degradada em baixo calão.

Ergue-se-lhes o ideal à beleza da virtude, e zomba-se deles toda a vez que não se revelem por tipos acabados de animalidade inferior.

Fala-se-lhes de glorificação do caráter, e afoga-se-lhes a alma no delírio do álcool ou na frustração dos entorpecentes.

Administra-se-lhes abandono, e critica-se-lhes a conduta.

Não condenes a mocidade, sempre que a vejas dementada ou inconsequente.

Cada menino e moço no mundo é um plano da sabedoria divina para serviço à humanidade, e todo menino e moço transviado é um plano da sabedoria divina que a humanidade corrompeu ou deslustrou.

Recebamos os jovens de qualquer procedência por nossos próprios filhos, estimulando neles o amor ao trabalho e a iniciativa da educação.

Diante de todos os que começam a luta, a senha será sempre "velar e compreender", a fim de que saibamos semear e construir, porque, em todos os tempos, onde a juventude é desamparada, a vida perece.

Emmanuel (XAVIER, 2010d)

Página do moço espírita cristão

Ninguém despreze a tua mocidade; mas sê o exemplo dos fiéis na palavra, no trato, na caridade, no espírito, na fé e na pureza.
Paulo (*I Timóteo*, 4:12)

Meu amigo da cristandade juvenil, que ninguém te despreze a mocidade.

Este conselho não é nosso. Foi lançado por Paulo de Tarso, o grande convertido, há dezenove séculos.

O apóstolo da gentilidade conhecia o teu soberano potencial de grandeza. A sua última carta, escrita com as lágrimas quentes do coração angustiado, foi também endereçada a Timóteo, o jovem discípulo que permaneceria no círculo dos testemunhos de sacrifício pessoal, por herdeiro de seus padecimentos e renunciações.

Paulo sabia que o moço é o depositário e realizador do futuro.

Em razão disso, confiava ao aprendiz a coroa da luta edificante.

Que ninguém, portanto, te menoscabe a juventude, mas não te esqueças de que o direito sem o dever é vocábulo vazio.

Ninguém exija sem dar ajudando e sem ensinar aprendendo sempre.

Sê, pois, em tua escalada do porvir, o exemplo dos mais jovens e dos mais velhos que procuram no Cristo o alvo de suas aspirações, ideais e sofrimentos.

Consagra-te à palavra elevada e consoladora.

Guarda a bondade e a compreensão no trato com todos os companheiros e situações que te cercam.

Atende à caridade que te pede estímulo e paz, harmonia e auxílio para todos.

Sublima o teu espírito na glória de servir.

Santifica a fé viva, confiando no Senhor e em ti mesmo, na lavoura do bem que deve ser cultivada todos os dias.

Conserva a pureza dos teus sentimentos, a fim de que o teu amor seja invariavelmente puro, na verdadeira comunhão com a humanidade.

Abre as portas de tua alma a tudo o que seja útil, nobre, belo e santificante, e, de braços devotados ao serviço da boa-nova, pela Terra regenerada e feliz, sigamos com a vanguarda dos nossos benfeitores ao encontro do divino amanhã.

Emmanuel (XAVIER, 2010a)

Roteiro juvenil

Meu jovem amigo.

A mocidade cristã é primavera bendita de luz, anunciando o aperfeiçoamento da Terra.

Aceita, com ânimo firme, o roteiro que o Mestre divino nos oferece.

Coração terno.

Consciência limpa.

Mente pura.

Sentimento nobre.

Conduta reta.

Atitude valorosa.

Disposição fraternal.

O coração aberto às sugestões do bem aclara a consciência, dilatando-lhe a grandeza.

A consciência sem mancha ilumina a mente, renovando-lhe o poder.

A mente purificada sublima o sentimento, elevando-lhe as manifestações.

O sentimento enobrecido orienta a conduta, mantendo-a nos caminhos retos.

A conduta irrepreensível determina a atitude valorosa no desempenho do próprio dever e no trabalho edificante.

O gesto louvável conduz à fraternidade, em cujo clima conquistamos a compreensão, o progresso e o mérito.

Coração aberto à influência de Jesus para enriquecer a vida...

Disposição fraternal de servir incessantemente às criaturas, para que o amor reine, soberano...

Eis, meu amigo, em suma, o roteiro juvenil com que a mocidade cristã colaborará no aprimoramento do mundo.

Que o Senhor nos abençoe.

Emmanuel (XAVIER, 2010a)

Página à mocidade

Meu filho, guarda o facho resplendente da fé por tesouro íntimo, honrando o suor e as lágrimas, a vigília e o sofrimento de quantos passaram no mundo, antes de ti, para que pudesses receber semelhante depósito.

Lembra-te dos que choraram esquecidos no silêncio e dos que sangraram de dor, para que ostentasses a tua flama de esperança, e dispõe-te a defendê-la, ainda mesmo com sacrifício, para que a Terra de amanhã surja melhor.

A disciplina é a guardiã de tua riqueza interior, como o ideal é a chama que te revela o caminho.

Nada amarga tanto ao coração que perder a confiança em si próprio, como alguém que se arroja às trevas depois de haver possuído a garantia da luz.

Segue aprendendo, amando e servindo...

Compadece-te dos que se recolheram à vala do pessimismo, proferindo maldições contra a vida, que é doação e bênção de Deus; socorre os que se consideram vencidos à margem da estrada, ensinando-lhes que é possível levantar para o recomeço da luta, e respeita, nos cabelos brancos que te precedem, a branda claridade que a experiência acendeu para os lidadores da frente.

Dignifica, sobretudo, a responsabilidade em ti mesmo, reconhecendo que o dever a cumprir é a Vontade do Senhor que situa, nas criaturas e circunstâncias mais próximas de nosso espírito, o serviço mais importante que nos compete realizar.

Não olvides que todos os valores da luz têm adversários na sombra e que só o trabalho incessante no bem alimenta em nossa alma o gênio da vigilância, invisível sentinela de nossa segurança e vitória.

Atravessa o dia da existência, no ingente esforço de fazer o melhor, e, construindo o bem de todos, que será sempre o nosso maior bem, sentirás na cintilação das estrelas, quando vier a noite, o enternecido beijo do Céu, preparando-te o despertar.

Emmanuel (XAVIER, 2010a)

Mensagem de Guillon Ribeiro

É através da evangelização que o Espiritismo desenvolve seu mais valioso programa de assistência educativa ao homem.

A escola de letras continua a informar e instruir a fim de que a ciência se fortaleça no seio das coletividades. Entretanto, é a educação religiosa que vem estimulando a moral ilibada de modo a libertar a criatura despertada e vigilante junto aos imperativos da vida.

Aliando sabedoria e amor, alcançaremos equilíbrio em nossa faina educativa.

Eduque-se o homem e teremos uma Terra verdadeiramente transformada e feliz!

Contemplamos, assim, com otimismo e júbilo, o Movimento Espírita espraiando-se, cada vez mais, nos desideratos da evangelização, procurando, com grande empenho, alcançar o coração humano em meio ao torvelinho da desenfreada corrida do século... Tão significativa semeadura na direção do porvir!

Mestres e educadores, preceptores e pais colaboram, ao lado uns dos outros, em meio às esperanças do Cristo, dinamizando esforços em favor de crianças e jovens, na mais nobre intenção de aproximá-los do Mestre e Senhor, Jesus.

Urge que assim seja, porque o tempo mais propício à absorção das novas ideias, que mais favorece a tarefa educativa do homem, é o seu período de infância e juventude. Sem dúvida que a maturidade exibe valiosa soma das experiências adquiridas, embora tantas vezes amargue o dissabor das incrustações perniciosas absorvidas ao longo do caminho...

Eis, pois, o Amor convocando servidores do Evangelho para a obra educativa da humanidade!

Abençoados os lidadores da orientação espírita, entregando-se afanosos e de boa vontade ao plantio da boa semente!

Mas para um desempenho mais gratificante, que procurem estudar e estudar, forjando sempre luzes às próprias convicções.

Que se armem de coragem e decisão, paciência e otimismo, esperança e fé, de modo a se auxiliarem reciprocamente, na salutar troca de experiências, engajando-se com entusiasmo crescente nas leiras de Jesus.

Que jamais se descuidem do aprimoramento pedagógico, ampliando, sempre que possível, suas aptidões didáticas para que não se estiolem sementes promissoras ante o solo propício, pela inadequação de métodos e técnicas de ensino, pela insipiência de conteúdos, pela ineficácia de um planejamento inoportuno e inadequado. Todo trabalho rende mais em mãos realmente habilitadas.

Que não estacionem nas experiências alcançadas, mas que aspirem sempre a mais, buscando livros, renovando pesquisas, permutando ideias, ativando-se em treinamentos, mobilizando cursos, promovendo encontros, realizando seminários, nesta dinâmica admirável quão permanente dos que se dedicam aos abençoados impositivos de instruir e de educar.

É bom que se diga, o evangelizador consciente de si mesmo jamais se julga pronto, acabado, sem mais o que aprender, refazer, conhecer... Ao contrário, avança com o tempo, vê sempre degraus acima a serem galgados, na infinita escala da experiência e do conhecimento.

Entretanto, não menos importante é a conscientização dos pais espíritas diante da evangelização de seus filhos, como prestimoso auxiliar na missão educativa da família.

Que experimentem vivenciar, quando necessário, a condição de evangelizadores, tanto quanto se recomenda aos evangelizadores se posicionarem sempre naquela condição de pais bondosos e pacientes junto à gleba de suas realizações.

Que os pais enviem seus filhos às escolas de evangelização, disciplinando-os na assiduidade tão necessária, interessando-se pelo aprendizado evangélico da prole, indagando, dialogando, motivando, acompanhando...

Por outro lado, não podemos desconsiderar a importância do acolhimento e do interesse, do estímulo e do entusiasmo que devem nortear os núcleos espiritistas diante da evangelização.

Que dirigentes e diretores, colaboradores, diretos e indiretos, prestigiem sempre mais o atendimento a crianças e jovens nos agrupamentos espíritas, seja adequando-lhes a ambiência para tal mister, adaptando ou, ainda, improvisando meios, de tal sorte que a evangelização se efetue, se desenvolva, cresça, ilumine...

É imperioso se reconheça na evangelização das almas tarefa da mais alta expressão na atualidade da Doutrina Espírita. Bem acima das nobilitantes realizações da assistência social, sua ação preventiva evitará derrocadas no erro, novos desastres morais, responsáveis por maiores provações e sofrimentos adiante, nos panoramas de dor e lágrima que compungem a sociedade, perseguindo os emolumentos da assistência ou do serviço social, públicos e privados.

Evangelizemos por amor!

Auxiliemos a todos, favorecendo sobretudo a criança e ao jovem um melhor posicionamento diante da vida, em face da reencarnação.

Somente assim plasmaremos desde agora os alicerces de uma nova humanidade para o mundo porvindouro.

É de suma importância amparar as almas através da evangelização, colaborando de forma decisiva junto à economia da vida para quantos deambulam pelas estradas existenciais.

E não tenhamos dúvidas de que a criança e o jovem evangelizados agora serão, indubitavelmente, aqueles cidadãos do mundo, conscientes e alertados, conduzidos para construir, por seus esforços próprios, os verdadeiros caminhos da felicidade na Terra.

GUILLON RIBEIRO[16]

---

16 Página recebida em 1963, durante o 1º Curso de Preparação de Evangelizadores (Cipe), realizado pela Federação Espírita do Estado do Espírito Santo, pelo médium Júlio Cezar Grandi Ribeiro, publicada na separata do *Reformador* de outubro de 1985.

Ao companheiro juvenil

[...]

O Espiritismo, descerrando a pesada cortina que velava, até agora, os segredos do túmulo, não é somente a academia santificante de sábios e heróis, mas também a escola abençoada de pais e mães, pensadores e artistas, condutores e artífices, formando missionários do bem e do progresso.

Atendendo-lhe aos ensinamentos, poderá galgar múltiplos degraus da sublime ascensão.

Entretanto, pássaro embriagado de liberdade, ante o horizonte infinito, você poderá comprometer o trabalho do próprio burilamento espiritual, se não souber manejar, simultaneamente, as asas do entusiasmo e da prudência.

Nesse sentido, se algo posso rogar a você, não menospreze a experiência dos mais velhos.

Já sei a qualidade de suas objeções.

"Nem sempre os maduros são os melhores — dirá em suas reflexões sem palavras —; tenho visto velhos desprezíveis, viciados e portadores de maus exemplos."

Não julguemos apressadamente. Considere que os pioneiros da luta, encontrados por você, no grande caminho da vida, talvez não tenham recebido oportunidades que brilham em suas mãos.

Ainda que lhe pareçam inconsistentes ou contraditórios, duros ou exigentes, ouça, com respeito e serenidade, o que digam ou ensinem.

Que seria de nós, sem o esforço de quem nos antecede?

Invariavelmente, aprendemos alguma coisa de útil ou de belo, alicerçando-nos na lição de quem lutou, antes de nós.

Acima de tudo, lembre-se de que fomos chamados para ajudar.

Velhos e novos já possuem críticos em excesso.

O mundo está repleto de espinheiros e raras criaturas aparecem dispostas ao cultivo do bom grão.

É possível não possam concordar com os mais velhos em certas particularidades da experiência comum; no entanto, o silêncio é o melhor remédio onde não podemos auxiliar.

Se você também, vergôntea promissora, pretende adquirir os defeitos dos galhos decadentes, confiando-se aos vermes do sarcasmo ou da rebelião, que será do tronco venerável da vida?

Em todos os climas, o nosso concurso ativo, na extensão do bem, é o serviço mais apreciável que podemos prestar à humanidade e ao mundo. E, além disso, saiba que a existência na Terra se assemelha à travessia de longa avenida, onde os transeuntes ocupam lugares diferentes, no espaço e no tempo. Hoje, você começa a palmilhá-la; todavia, dentro de algum tempo, atingirá a posição dos que já amadureceram na jornada, exibindo alterações na carne e carregando diferentes impulsos no coração.

Cultive a afabilidade com todos e não olvide que a Lei lhe restituirá o que você houver semeado.

Não inveje a prosperidade dos homens inescrupulosos e indiferentes. A ilusão temporária pode ser dos ímpios; contudo, a verdadeira paz é patrimônio dos simples e dos bons...

Estude e trabalhe, incessantemente. O estudo favorece o crescimento espiritual. O trabalho confere grandeza.

Conseguirá você ostentar os mais belos títulos na galeria dos jovens espiritualistas, mas, se foge ao livro e à observação e se lhe desagradam o serviço e a disciplina, não passará de um menino irrequieto e desarvorado, para quem os dias reservam amargos ensinamentos.

Quanto ao mais, se você deseja partilhar, com sinceridade, a experiência cristã, comece a viver, entre as paredes de sua própria casa, segundo os princípios sublimes que abraçou com Jesus. Quem puder fazer a boa vizinhança com os parentes consanguíneos ou souber merecer o apoio legítimo dos amigos e conhecidos, terá conquistado elogiáveis habilitações, no campo da vida. Mas se você também está conversando no bem, com receio de praticá-lo, gastando o tesouro do tempo, em vão, prepare-se, convenientemente, para receber dos jovens de amanhã a mesma desconfiança e a mesma ironia com que são tratados os velhos menos felizes de hoje.

Irmão X (XAVIER, 2010a)

Ante a mocidade

[...]

Na infância o homem aprende. Na juventude apreende. Na madurez das forças e da inteligência compreende... Nem todos, porém...

Por esse motivo, o adulto orienta, graças à compreensão que tem da vida e à apreensão amadurecida dos fatos vividos, que lhe servem de divisor equilibrado, selecionador racional dos legítimos para os inautênticos valores éticos.

O jovem ouve e entende; todavia, porque as atrações do inusitado o conduzem à rebelião e à experiência pessoal, reage e impõe, violenta a razão que ainda não assimilou e parte em busca da vivência pessoal.

A vida, no entanto, para ser alcançada em plenitude, impõe o contributo da reflexão.

Num período a aprendizagem; noutro a vivência.

Permutar a ordem dos valores é perturbar o equilíbrio. Fruir antes de dispor dos requisitos significa exaurir os depósitos de forças ainda não realizadas, nem organizadas.

Inútil, portanto, afadigar-se pela sofreguidão na busca de "coisa nenhuma".

Cada realização a seu turno; cada conquista à hora própria.

Conhecer Jesus em plena juventude é honra, meu filho, benção de inapreciável significação, preparando demorada realização em prol de ininterrupto porvir.

O que damos, possuímos; o que temos, devemos.

O gozo precipitado é débito; o prazer não fruído representa conquista.

Não tenhas pressa!

O amanhã é longo e formoso para quem sabe dilatar o hoje da edificação nobilitante.

Aplica a tua mocidade na realização da paz interior, ao invés de arrojar-se na intoxicação do desvario.

Há sempre tempo para quem não deve, enquanto são curtos os dias para quem se debate nas aflições dos resgates que se aproximam e não possui reservas para libertação dos compromissos...

Jesus é porta, é caminho, é pão.

Chama e espera; convida e prossegue; nutre, porém, conclama o candidato à própria iluminação.

O mundo é escola. Cada qual se movimenta nas suas classes conforme aspira para si mesmo: felicidade ou ruína.

Reencarnar num lar cristão-espírita constitui acréscimo da misericórdia do Senhor, que impede, por antecipação, as escusas e justificativas do candidato, se este elege o fracasso ou o atraso na marcha.

Não te enganes, nem te permitas anestesiar os centros felizes da consciência ainda não atormentada por atividades ou atitudes infelizes...

O bem é sempre melhor para quem o pratica e a paz é sempre mais tranquilizante para quem pode fitar o passado sem empalidecer de constrangimento ou coroar de remorso e dor...

Firma-te, meu filho, nos postulados da Doutrina Libertadora e nada receies.

A felicidade real é trabalhada e custa um preço que todos devemos pagar a sacrifícios e renúncias.

Tudo são lutas, que o cristão transforma em conquistas superiores.

Ninguém se pode omitir ao esforço da sobrevivência. Viver exige o tributo do esforço e quando na organização física engendra o desgaste da própria máquina.

Amadurece no estudo, traçando as metas do futuro.

Equilibra-te na oração, harmonizando as emoções.

Preserva-se no trabalho fraternal da caridade e gasta-te nos deveres sociais para a aquisição do pão e promoção da carreira que pretendes abraçar.

Os dias passam, sucedem-se de qualquer forma. Melhor que transcorram em produção de felicidade e em realização de harmonia.

Não te faltarão socorros nem a proteção de abnegados Benfeitores Espirituais que zelam por ti e se fizeram fiadores da tua atual experiência evolutiva.

Supera os impulsos juvenis e condicionamentos do passado espiritual, atraído pelo tropismo sublime do Cristo Jesus.

Ontem são trevas; amanhã é claridade.

Sigamos, meu filho, no rumo do Meio-Dia feliz ao anunciar-se o amanhecer da oportunidade nova.

JOANNA DE ÂNGELIS (FRANCO, 1978B)

A educação

É pela educação que as gerações se transformam e aperfeiçoam. Para uma sociedade nova é necessário homens novos. Por isso, a educação desde a infância é de importância capital.

Não basta ensinar à criança os elementos da Ciência. Aprender a governar-se, a conduzir-se como ser consciente e racional, é tão necessário como saber ler, escrever e contar: é entrar na vida armado não só para a luta material, mas, principalmente, para a luta moral. É nisso em que menos se tem cuidado. Presta-se mais atenção em desenvolver as faculdades e os lados brilhantes da criança, do que as suas virtudes. Na escola, como na família, há muita negligência em esclarecê-la sobre os seus deveres e sobre o seu destino. Portanto, desprovida de princípios elevados, ignorando o alvo da existência, ela, no dia em que entra na vida pública, entrega-se a todas as ciladas, a todos os arrebatamentos da paixão, num meio sensual e corrompido.

Mesmo no ensino secundário, aplicam-se a atulhar o cérebro dos estudantes com um acervo indigesto de noções e fatos, de datas e nomes, tudo em detrimento da educação moral. A moral da escola, desprovida de sanção efetiva, sem ideal verdadeiro, é estéril e incapaz de reformar a sociedade.

Mais pueril ainda é o ensino dado pelos estabelecimentos religiosos, onde a criança é apossada pelo fanatismo e pela superstição, não adquirindo senão ideias falsas sobre a vida presente e a futura. Uma boa educação é, raras vezes, obra de um mestre. Para despertar na criança as primeiras aspirações ao bem, para corrigir um caráter difícil, é preciso às vezes a perseverança, a firmeza, uma ternura de que somente o coração de um pai ou de uma mãe pode ser suscetível. Se os pais não conseguem corrigir os filhos, como é que poderia fazê-lo o mestre que tem um grande número de discípulos a dirigir?

Essa tarefa, entretanto, não é tão difícil quanto se pensa, pois não exige uma ciência profunda. Pequenos e grandes podem preenchê-la, desde que se compenetrem do alvo elevado e das consequências da educação. Sobretudo, é preciso nos lembrarmos de que esses Espíritos vêm coabitar conosco para que os ajudemos a vencer os seus defeitos e os preparemos para os deveres da vida. Com o matrimônio, aceitamos a missão de os dirigir; cumpramo-la, pois, com amor, mas com amor isento de fraqueza, porque a afeição demasiada está cheia de perigos. Estudemos, desde o berço, as tendências que a criança trouxe das suas existências anteriores, apliquemo-nos a desenvolver as boas, a aniquilar as más. Não lhe devemos dar muitas alegrias, pois é necessário habituá-la desde logo à desilusão, para que possa compreender que a vida terrestre é árdua e que não deve contar senão consigo mesma, com seu trabalho, único meio de obter a sua independência e dignidade. Não tentemos desviar dela a ação das leis eternas. Há obstáculos no caminho de cada um de nós; só o critério ensinará a removê-los. [...]

A educação, baseada numa concepção exata da vida, transformaria a face do mundo. Suponhamos cada família iniciada nas crenças espiritualistas sancionadas pelos fatos e incutindo-as aos filhos, ao mesmo tempo que a escola laica lhes ensinasse os princípios da Ciência e as maravilhas do Universo: uma rápida transformação social operar-se-ia então sob a força dessa dupla corrente.

Todas as chagas morais são provenientes da má educação. Reformá-la, colocá-la sobre novas bases traria à humanidade consequências inestimáveis. Instruamos a juventude, esclareçamos sua inteligência, mas, antes de tudo, falemos ao seu coração, ensinemos-lhe a despojar-se das suas imperfeições. Lembremo-nos de que a sabedoria por excelência consiste em nos tornarmos melhores.

(DENIS, 2008a)

Família

A família consanguínea, entre os homens, pode ser apreciada como o centro essencial de nossos reflexos. Reflexos agradáveis ou desagradáveis que o pretérito nos devolve.

Certo, não incluímos aqui os Espíritos pioneiros da evolução que, trazidos ao ambiente comum, superam-no, de imediato, criando o clima mental que lhes é peculiar, atendendo à renovação de que se fazem intérpretes.

Comentamos a nossa posição no campo vulgar da luta.

Cada criatura está provisoriamente ajustada ao raio de ação que é capaz de desenvolver ou, mais claramente, cada um de nós apenas, pouco a pouco, ultrapassará o horizonte a que já estenda os reflexos que lhe digam respeito.

O homem primitivo não se afasta, de improviso, da própria taba, mas aí renasce múltiplas vezes, e o homem relativamente civilizado demora-se longo tempo no plano racial em que assimila as experiências de que carece, até que a soma de suas aquisições o recomende a diferentes realizações.

É assim que na esfera do grupo consanguíneo o Espírito reencarnado segue ao encontro dos laços que entreteceu para si próprio, na linha mental em que se lhe caracterizam as tendências.

A chamada hereditariedade psicológica é, por isso, de algum modo, a natural aglutinação dos espíritos que se afinam nas mesmas atividades e inclinações.

Um grande artista ou um herói preeminente podem nascer em esfera estranha aos sentimentos nos quais se avultam. É a manifestação do gênio pacientemente elaborado no bojo dos milênios, impondo os reflexos da sua individualidade em gigantesco trabalho criativo.

Todavia, na senda habitual, o templo doméstico reúne aqueles que se retratam uns nos outros.

Uma família de músicos terá mais facilidade para recolher companheiros da arte divina em sua descendência, porque, muita vez, os Espíritos que assumem a posição de filhos na reencarnação, junto deles, são os mesmos amigos que lhes incentivavam a formação musical, desde o reino do Espírito, refletindo-se reciprocamente na continuidade da ação em que se empenham através de séculos numerosos.

É ainda assim que escultores e poetas, políticos e médicos, comerciantes e agricultores quase sempre se dão as mãos, no culto dos melhores valores afetivos, continuando-se, mutuamente, nos genes familiares, preservando para si mesmos, mediante o trabalho em comum e segundo a lei do renascimento, o patrimônio evolutivo em que se exprimem no espaço e no tempo. Também é aí, de conformidade com o mesmo princípio de sintonia, que vemos dipsômanos e cleptomaníacos, tanto quanto delinquentes e enfermos de ordem moral, nascendo daqueles que lhes comungam espiritualmente as deficiências e as provas, porquanto muitas inteligências transviadas se ajustam ao campo genético daqueles que lhes atraem a companhia, por força dos sentimentos menos dignos ou das ações deploráveis com que se oneram perante a Lei.

A tara familiar, por esse motivo, é a resultante da conjunção de débitos, situando-nos no plano genético enfermiço que merecemos, à face dos nossos compromissos com o mundo e com a vida. Dessa forma, somos impelidos a padecer o retorno dos nossos reflexos tóxicos através de pessoas de nossa parentela, que no-los devolvem por aflitivos processos de sofrimento.

Temos assim, no grupo doméstico, os laços de elevação e alegria que já conseguimos tecer, por intermédio do amor louvavelmente vivido, mas também as algemas de constrangimento e aversão, nas quais recolhemos, de volta, os clichês inquietantes que nós mesmos plasmamos na memória do destino e que necessitamos desfazer, à custa de trabalho e sacrifício, paciência e humildade, recursos novos com que faremos nova produção de reflexos espirituais, suscetíveis de anular os efeitos de nossa conduta anterior, conturbada e infeliz.

EMMANUEL (XAVIER, 2008b)

Mensagem aos jovens[17]

Que Deus abençoe a juventude!

Os jovens são as primeiras luzes do amanhecer do futuro.

Cuidar de os preservar para os graves compromissos que lhes estão destinados constitui o inadiável desafio da educação.

Criar-se condições apropriadas para o seu desenvolvimento intelecto-moral e espiritual, é o dever da geração moderna, de modo que venham a dispor dos recursos valiosos para o desempenho dos deveres para os quais renasceram.

Os jovens de hoje são, portanto, a sociedade de amanhã, e essa, evidentemente, se apresentará portadora dos tesouros que lhes sejam propiciados desde hoje para a vitória desses nautas do porvir.

Numa sociedade permissiva e utilitarista com esta vigoram os convites para a luxúria, o consumismo, a excentricidade irresponsáveis.

Enquanto as esquinas do prazer multiplicam-se em toda parte, a austeridade moral banaliza-se a soldo das situações e circunstâncias reprocháveis que lhes são oferecidas como objetivos a alcançar.

À medida que a promiscuidade torna-se a palavra de ordem, os corpos jovens ávidos de prazer afogam-se no pântano do gozo para o qual ainda não dispõem das resistências morais e do discernimento emocional.

Os apelos a que se encontram expostos desgastam-nos antes do amadurecimento psicológico para os enfrentamentos, dando lugar, primeiro, à contaminação morbosa para a larga consumpção da existência desperdiçada.

Todo jovem anseia por um lugar ao sol, a fim de alcançar o que supõe ser a felicidade.

Informados equivocadamente sobre o que é ser feliz, ora por castrações religiosas, familiares, sociológicas, outras vezes, liberados excessivamente, não sabem eleger o comportamento que pode proporcionar a plenitude, derrapando em comportamentos infelizes...

Na fase juvenil o organismo explode de energia que deverá ser canalizada para o estudo, as disciplinas morais, os exercícios de equilíbrio, a fim de que se transforme em vigor capaz de resistir a todas as vicissitudes do processo evolutivo.

---

17 N.E.: Página psicografada pelo médium Divaldo Pereira Franco, na sessão mediúnica da noite de 22 de julho de 2013, no Centro Espírita Caminho da Redenção, em Salvador, Bahia, quando o Papa Francisco chegou ao Brasil, para iniciar a Jornada Mundial da Juventude. Publicado em *Reformador*, set. 2013.

Não é fácil manter-se jovem e saudável num grupo social pervertido e sem sentido ou objetivo dignificante...

Não desistam os jovens de reivindicar os seus direitos de cidadania, de clamar pela justiça social, de insistir pelos recursos que lhe são destinados pela vida.

Direcionando o pensamento para a harmonia, embora os desastres de vário porte que acontecem continuamente, trabalhar pela preservação da paz, do apoio aos fracos e oprimidos, aos esfaimados e enfermos, às crianças e às mulheres, aos idosos e aos párias e excluídos dos círculos da hipocrisia, é um programa desafiador que aguarda a ação vigorosa.

Buscar a autenticidade e o sentido da existência é parte fundamental do seu compromisso de desenvolvimento ético.

A juventude orgânica do ser humano, embora seja a mais longa do reino animal, é de breve curso, porquanto logo se esboçam as características de adulto quando os efeitos já se apresentam.

É verdade que este é o mundo de angústias que as gerações passadas, estruturadas em guerras e privilégios para uns em detrimento de outros, quando o idealismo ancestral cedeu lugar ao niilismo aniquilador e a força do poder predominava, edificaram como os ideais de vida para a humanidade.

É hora de refazer e de recompor.

O tempo urge no relógio da evolução humana.

Escrevendo a Timóteo, seu discípulo amado, o apóstolo Paulo exortava-o a ser sóbrio em todas as coisas, suportar os sofrimentos, a fazer a obra dum evangelista, a desempenhar bem o teu ministério.[18]

Juventude formosa e sonhadora!

Tudo quanto contemples em forma de corrupção, de degredo, de miséria, é a herança maléfica da insensatez e da crueldade.

Necessário que pares na correria alucinada pelos tóxicos da ilusão e reflexiones, pois que estes são os teus dias de preparação, a fim de que não repitas, mais tarde, tudo quanto agora censuras ou te permites em fuga emocional, evitando o enfrentamento indispensável ao triunfo pessoal.

O alvorecer borda de cores a noite sombria na qual se homiziam o crime e a sordidez.

---

18 Nota da autora espiritual: *II Timóteo*, 4:5.

Faze luz desde agora, não te comprometendo com o mal, não te asfixiando nos vapores que embriagam os sentidos e vilipendiam o ser.

És o amanhecer!

Indispensável clarear todas as sombras com a soberana luz do amor e caminhar com segurança na direção do dia pleno.

Não te permitas corromper pelos astutos triunfadores de um dia. Eles já foram jovens e enfermaram muito cedo, enquanto desfrutas do conhecimento saudável da vida condigna.

Apontando o caminho a um jovem rico que o interrogou como conseguir o reino dos Céus, Jesus respondeu com firmeza: Vende tudo o que tens, dá-o aos pobres, e terás um tesouro nos Céus, depois vem e segue-me... iniciando o esforço agora.[19]

Não há outra alternativa a seguir.

Vende ao amor as tuas forças e segue o Mestre incomparável hoje, porque amanhã, possivelmente, será tarde demais.

Hoje é o teu dia.

Avança!

JOANNA DE ÂNGELIS

---

19 Nota da autora espiritual: *Mateus*, 19:21.

REFERÊNCIAS

COSTA, A. C. G. da. *Protagonismo juvenil:* adolescência, educação e participação democrática. Salvador: Fundação Odebrecht, 2000.

DENIS, Léon. *O espiritismo na arte.* Rio de Janeiro: Arte e Cultura, 1990.

_____. *Depois da morte.* 17. ed. Rio de Janeiro: FEB, 2008.

DUSI, Miriam M. (Coord.). *Sublime sementeira:* evangelização espírita infantojuvenil. 1. ed. Brasília: FEB, 2015.

FEDERAÇÃO ESPÍRITA BRASILEIRA/CONSELHO FEDERATIVO NACIONAL. *Orientação ao centro espírita.* Rio de Janeiro: FEB, 2007.

_____. *Orientação aos Órgãos de Unificação.* Rio de Janeiro: FEB, 2010.

_____. *Plano de trabalho para o movimento espírita brasileiro (2013-2017).* Brasília: FEB, 2012a.

_____. *Plano de trabalho para a área de infância e juventude (2012-2017).* Brasília: FEB, 2012b.

FEDERAÇÃO ESPÍRITA BRASILEIRA. *Currículo para as escolas de evangelização espírita infantojuvenil.* Rio de Janeiro: FEB, 2007.

_____. *Reformador.* Fevereiro, 1973.

_____. *Reformador.* Dezembro, 1975.

_____. *Reformador.* Fevereiro, 1976.

_____. *Reformador.* Separata, 1986.

_____. *Reformador.* Setembro, 2013.

FERNANDES, Dalvani. *A religião "faz" sentido!* Contribuições da geografia da religião para abordagem da temática "juventudes". Disponível em: <http://ojs.c3sl.ufpr.br/ojs2/index.php/relegens/article/viewFile/31080/19951>. Acesso em: 14 dez. 2015.

FRANCO, Divaldo P. Por diversos Espíritos. Necessidade de Evolução. In: *SOS Família*. 9. ed. Salvador: Livraria Espírita Alvorada, 1994a.

_____. Alienação infantojuvenil e educação. In: *SOS Família*. 9. ed. Salvador: LEAL, 1994b.

_____. *Sementes de vida eterna*. Salvador: LEAL, 1978b.

_____. Criança e escola. In: *Sementeira da fraternidade*. 3. ed. Salvador: LEAL, 1979.

FRANCO, Divaldo P. Por Joanna de Ângelis. *Constelação familiar*. 3. ed. Salvador: LEAL, 2012.

_____. *Espírito e vida*. 2. ed. Salvador: LEAL, 1978a.

_____. *Vida*: desafios e soluções. 12. ed. Salvador: LEAL, 2013.

GOOD e WILLOUGHBY, 2008; MARKSTROM, 1999. Religiosidade e identidade positiva na adolescência. In: DELL'AGLIO, Débora D.; KOLLER, Silvia H. (Orgs.). *Adolescência e juventude*: vulnerabilidade e contextos de proteção. São Paulo: Casa do Psicólogo, 2011.

IBOPE. *O jovem, a sociedade e a ética*. RJ: Rio de Janeiro. Julho a agosto de 2006.

KARDEC, Allan. *A gênese*. Tradução de Guillon Ribeiro. 1. ed. esp. Rio de Janeiro: FEB, 2005.

_____. *O evangelho segundo o espiritismo*. Tradução de Guillon Ribeiro. 1. ed. esp. Rio de Janeiro: FEB, 2004.

_____. *O livro dos espíritos*. Tradução de Guillon Ribeiro. 84. ed. Rio de Janeiro: FEB, 2003.

_____. *O livro dos médiuns*. Tradução de Guillon Ribeiro. 70. ed. Rio de Janeiro: FEB, 2002.

_____. *O que é o espiritismo*. 54. ed. Rio de Janeiro: FEB, 2006.

_____. *Obras póstumas*. Tradução de Guillon Ribeiro. 1. ed. esp. Rio de Janeiro: FEB, 2005.

_____. *Viagem espírita em 1862*: e outras viagens de Allan Kardec. 2. ed. Rio de Janeiro: FEB, 2011.

NOVAES, Regina e MELLO, Cecília. Jovens do Rio. Rio de Janeiro: *Comunicações do ISER*, n. 57, ano 21, 2002.

PERALVA, Martins. *O pensamento de Emmanuel*. 8. ed. Rio de Janeiro: FEB, 2007.

SENGE, Peter. *A quinta disciplina:* arte, teoria e prática da organização da aprendizagem. 23. ed. Rio de Janeiro: Best Seller, 2008.

VIEIRA, W. *Conduta espírita*. 29. ed. Rio de Janeiro: FEB, 2006.

XAVIER, F. C. *Pai Nosso*. 9. ed. Rio de Janeiro: FEB, 1986.

XAVIER, F. C. *Agenda cristã*. Pelo Espírito André Luiz. 42. ed. Rio de Janeiro: FEB, 2005.

_____. *Fonte viva*. 34. ed. Rio de Janeiro: FEB, 2006a.

_____. *Justiça divina*. Pelo Espírito Emmanuel. 11. ed. Rio de Janeiro: FEB, 2006b.

_____. *Pensamento e vida*. 18. ed. Rio de Janeiro: FEB, 2008a.

_____. *O consolador*. 28. ed. Rio de Janeiro: FEB, 2008b.

_____. Necessidade da educação pura e simples. In: *Emmanuel*. 27. ed. Rio de Janeiro: FEB, 2009.

_____. *Correio fraterno*. 6. ed. Rio de Janeiro: FEB, 2010a.

_____. *Pão nosso*. 1. ed. esp. Rio de Janeiro: FEB, 2010b.

_____. *Caminho, verdade e vida*. Pelo Espírito Emmanuel. 1. ed. esp. Rio de Janeiro: FEB, 2010c.

_____. *Religião dos espíritos*. 21. ed. Rio de Janeiro: FEB, 2010d.

XAVIER, F. C.; VIEIRA, W. *Estude e viva*. Pelos Espíritos Emmanuel e André Luiz. 14. ed., 2. imp. Brasília: FEB, 2013.

O EVANGELHO NO LAR

Quando o ensinamento do Mestre vibra entre quatro paredes de um templo doméstico, os pequeninos sacrifícios tecem a felicidade comum.[1]

Quando entendemos a importância do estudo do Evangelho de Jesus, como diretriz ao aprimoramento moral, compreendemos que o primeiro local para esse estudo e vivência de seus ensinos é o próprio lar.

É no reduto doméstico, assim como fazia Jesus, no lar que o acolhia, a casa de Pedro, que as primeiras lições do Evangelho devem ser lidas, sentidas e vivenciadas.

O espírita compreende que sua missão no mundo principia no reduto doméstico, em sua casa, por meio do estudo do Evangelho de Jesus no Lar.

Então, como fazer?

Converse com todos que residem com você sobre a importância desse estudo, para que, em família, possam compreender melhor os ensinamentos cristãos, a partir de um momento de união fraterna, que se desenvolverá de maneira harmônica e respeitosa. Explique que as reflexões conjuntas acerca do Evangelho permitirão manter o ambiente da casa espiritualmente saneado, por meio de sentimentos e pensamentos elevados, favorecendo a presença e a influência de Mensageiros do Bem; explique, também, que esse momento facilitará, em sua residência, a recepção do amparo espiritual, já que auxilia na manutenção de elevado padrão vibratório no ambiente e em cada um que ali vive.

Convide sua família, quem mora com você, para participar. Se mora sozinho, defina para você esse momento precioso de estudo e reflexões. Lembre-se de que, espiritualmente, sempre estamos acompanhados.

Escolha, na semana, um dia e horário em que todos possam estar presentes.

O tempo médio para a realização do Evangelho no Lar costuma ser de trinta minutos.

---

[1] XAVIER, Francisco Cândido. *Luz no lar*. Por Espíritos diversos. 12. ed. 7. imp. Brasília: FEB, 2018. Cap. 1.

As crianças são bem-vindas e, se houver visitantes em casa, eles também podem ser convidados a participar. Se não forem espíritas, apenas explique a eles a finalidade e importância daquele momento.

O seguinte roteiro pode ser utilizado como sugestão:

1. Preparação: leitura de mensagem breve, sem comentários;
2. Início: prece simples e espontânea;
3. Leitura: *O evangelho segundo o espiritismo* (um ou dois itens, por estudo, desde o prefácio);
4. Comentários: breves, com a participação dos presentes, evidenciando o ensino moral aplicado às situações do dia a dia;
5. Vibrações: pela fraternidade, paz e pelo equilíbrio entre os povos; pelos governantes; pela vivência do Evangelho de Jesus em todos os lares; pelo próprio lar...
6. Pedidos: por amigos, parentes, pessoas que estão necessitando de ajuda...
7. Encerramento: prece simples, sincera, agradecendo a Deus, a Jesus, aos amigos espirituais.

As seguintes obras podem ser utilizadas nesse momento tão especial:

- *O evangelho segundo o espiritismo*, como obra básica;
- *Caminho, verdade e vida*; *Pão nosso*; *Vinha de luz*; *Fonte viva*; *Agenda cristã*.

Esse momento no lar não se trata de reunião mediúnica e, portanto, qualquer ideia advinda pela via da intuição deve permanecer como comentário geral, a ser dito de maneira simples, no momento oportuno.

No estudo do Evangelho de Jesus no Lar, a fé e a perseverança são diretrizes ao aprimoramento moral de todos os envolvidos.

FEB editora
Livro espírita para um novo mundo
www.febeditora.com.br
@febeditoraoficial
@febeditora

Conselho Editorial:
Carlos Roberto Campetti
Cirne Ferreira de Araújo
Evandro Noleto Bezerra
Geraldo Campetti Sobrinho – Coord. Editorial
Jorge Godinho Barreto Nery – Presidente
Maria de Lourdes Pereira de Oliveira
Miriam Lúcia Herrera Masotti Dusi

Produção Editorial:
Elizabete de Jesus Moreira

Equipe de Elaboração:
Coordenação Nacional da Área de Infância e Juventude do CFN/FEB
Coordenação Adjunta de Juventude do CFN/FEB
Coordenações Regionais de Juventude (Centro, Nordeste, Norte e Sul)
Representantes da Área de Infância e Juventude das Entidades Federativas Estaduais
Representantes Estaduais de Juventude

Revisão:
Anna Cristina de Araújo Rodrigues
Elizabete de Jesus Moreira

Capa:
Ricardo Alves
Thiago Pereira Campos

Projeto gráfico:
Luciano Carneiro de Holanda
Luisa Jannuzzi Fonseca

Diagramação:
Rones José Silvano de Lima – instagram.com/bookebooks_designer

Foto de Capa:
www.istockphoto.com – Wavebreakmedia

Normalização Técnica:
Biblioteca de Obras Raras e Documentos Patrimoniais do Livro

Esta edição foi impressa no sistema de Impressão pequenas tiragens, em formato fechado de 170x250 mm e com mancha de 130x205 mm. Os papéis utilizados foram o Offset 75 g/m² para o miolo e o Cartão 250 g/m² para a capa. O texto principal foi composto em fonte Minion Pro 11,5/14,5 e os títulos em Zurich Lt BT 22/26,4. Impresso no Brasil. *Presita en Brazilo.*